VIVA SPAGHETTI

Die Geschichte der
pasta und die besten Rezepte
von Birgit Müller

papyrus

CIP-Kurztitelaufnahme der Deutschen Bibliothek
Müller, Birgit:
Viva Spaghetti: d. Geschichte d. Pasta und viele
Rezepte / Birgit Müller.
1. Aufl. – Hamburg: Papyrus Verlag, 1985
ISBN 3-922731-39-2

Erste Auflage 1985

Umschlaggestaltung: Rolf Baars
Druck: Clausen und Bosse, Leck
ISBN 3-922731-39-2
Printed in Germany

Per michelaccio

Ich danke meiner Freundin Anna Linoli-Humburg für die Hilfe
bei einigen Übersetzungen. Außerdem danke ich dem Pastificio Agnesi für die
freundliche Bereitstellung zahlreicher Abbildungen.

AUF DER SUCHE NACH DEM MACCHERONI-BAUM

Pansoti

Es waren die letzten Tage meiner Ferien, die ich in Apulien verbracht hatte. Die Rückreise führte, wie so oft, über Mailand. Es hat für mich nie einen Aufenthalt in Italien gegeben, bei dem ich nicht, wenn auch nur für kurze Zeit, wie dieses Mal, in der Millionen-Stadt geblieben bin.
Diese Stadt fasziniert mich sehr, und ich denke, es hat auch mit meinen ersten ernsthaften Auseinandersetzungen mit der italienischen Sprache in Mailand zu tun. Stundenlanges Umherlaufen durch große Straßen, Fahrten quer durch die Stadt mit der Straßenbahn und ein ausdauerndes Studium der Menschen in den Straßencafés oder Bars gehörten damals ebenso zu meinen Hauptbeschäftigungen wie das Studium der italienischen Grammatik. Sehr schöne Erinnerungen habe ich an einen Aufenthalt im Monat August. Die Mailänder sind zu dieser Zeit fast alle am Meer. Die Stadt ist dann weniger hektisch, weniger laut und weniger von jenem geschäftigen Treiben erfüllt, das ihr bei vielen Menschen einen schlechten Ruf eingetragen hat. Trotzdem ist sie lebendig.
Einen Nachteil allerdings gibt es. Die mit Köstlichkeiten ausgestatteten kleinen Delikateßläden im Zentrum der Stadt (Abb. 1), in denen die Geschäftsleute ihren mittäglichen Imbiß einnehmen, sind verschlossen. Ebenso wie die vielen schönen Lebensmittel- und Brotläden, die Bars und die vielen kleinen Trattorien und Osterien am Stadtrand, die im Urlaubsmonat August geschlossen haben. Dieses Mal hatte ich mich mit einer Freundin verabredet. Bei ihr wollte ich meinen Italienaufenthalt mit einem Abendessen beenden.
Genni ist keine Mailänderin, sondern in einer kleinen Stadt bei Genua, an der ligurischen Küste, aufgewachsen. Für den nächsten Abend hatte sie einige Freunde eingeladen und mir am Tag vorher verraten, was sie sich mir zuliebe als Vorspeise ausgedacht hatte. Sie kannte meine Vorliebe für italienische Nudelgerichte und wußte auch, daß ich ihr bei deren Zubereitung gerne in der Küche helfen würde. Sie wollte eine Spezialität aus ihrer Heimat kochen und hatte bei den Vorbereitungsarbeiten dafür – wie ich später merken sollte – schon meine Hilfe nötig: Es gab *pansoti.* Das sind gefüllte Teigtaschen, eine besondere Form der Pastazubereitung, wie man sie nur an der Riviera di Levante kennt.
Schon im Jahr zuvor hatten Genni und ich diese vielgerühmten pansoti zubereiten wollen, und ich erinnere mich nur zu gut, wie wir in Mailand stundenlang vergebens auf der Suche nach verschiedenen Kräutern für die Füllung gewesen waren. Doch diesmal hatte Genni sie vorsorglich aus Genua, wo ihre Eltern wohnten, mitgebracht.
Sicherlich hätten wir die Kräuter auf dem größten und wichtigsten Obst- und Gemüsemarkt Mailands gefunden, der im Osten der Stadt (Porta Vittoria) liegt. Doch das hätte bedeutet, sehr früh auf den Beinen zu sein, sich in den großen Hallen anzustellen und abzuwarten, bis die vielen Grossisten aus der Stadt und Umgebung ihren Einkauf organisiert und den Abtransport ihrer Waren abgewickelt hatten.
Das Essen war köstlich. Und wie so oft wurde während des Essens über das Essen geredet, vor allem natürlich über die pansoti und ganz allgemein über die *Pasta*. Dabei stellte sich heraus, was für eine nördliche Großstadt wie Mailand gar nicht so ungewöhnlich ist, daß die italienischen Freunde alle aus an-

deren Regionen Italiens kamen. So wurde aus der Unterhaltung ein regelrechter Wettstreit über das Wissen um die besten Pastasorten und die verschiedenen Arten, sie zuzubereiten. Erstaunlicherweise machte ich dabei als einzige Ausländerin nicht mal die schlechteste Figur. Mir kam wohl zugute, daß ich nicht nur viel in Italien umherreise, daß ich Land, Leute und Küche sehr mag, sondern auch, von keinem regionalen Vorurteil und Stolz behindert, immer offen bin für alle Arten von Pasta.
Bei meinen Fahrten quer durch das Land habe ich auf diesem Gebiet wirklich viel gelernt. Nicht nur in den Küchen von Freunden, sondern auch in den Osterien und Trattorien auf dem Land. Die Italiener sind sehr aufgeschlossen und geben gern Auskunft, wenn man Interesse zeigt. Ich habe jedenfalls diese Erfahrung oft gemacht. Natürlich nicht in den großen Restaurants einer Stadt, wie zum Beispiel im SAVINI in der Galleria Vittorio Emanuele in Mailand; und auch nicht im SABATINI in Florenz. Doch die Besitzer kleiner Restaurants mit ausgezeichneter Küche, wie das FELICIN in Monforte d'Alba, haben in weniger attraktiven Reisemonaten Zeit für ein Plauderstündchen (auch in der Küche!). Ein besonderer Anlaß ist für mich, immer dann dort vorbeizufahren, wenn es die *tartufi bianchi*, die weißen Trüffel gibt, die am Tisch über die selbstgemachten Bandnudeln gehobelt werden. Dieser weiße Trüffel hat einen ganz eigentümlichen Geschmack, der am ausgeprägtesten in den Monaten November bis Februar ist, einer Zeit also, in der, außer privaten Festen und Hochzeiten, in Monforte wenig los ist.
Die Gespräche ergaben sich ganz von selbst, und nach anfänglichem Aushorchen nach Zusammensetzung und Zubereitung durfte ich schon mit in die Küche. Für mich ist das jedesmal ein Erlebnis mitanzuschauen, wie die Teigwaren von flinken Händen, meist die der Großmutter, vorbereitet, geschnitten oder gefüllt, gerollt und geformt werden.
Aber zurück nach Mailand. Während unserer anregenden Unterhaltung erwähnte Genni ein Museum an der ligurischen Küste. Es sollte in einem kleinen Dorf mit dem Namen Pontedassio liegen. Dieses Museum, so habe sie erfahren, sei tatsächlich der Geschichte der Spaghetti gewidmet: Keiner von uns anderen hatte je davon gehört, und es konnte sich auch keiner so recht vorstellen, wie man angesichts der vielen regionalen Unterschiede diese Gerichte als eine Geschichte, und dann auch noch in einem Museum, dokumentieren kann.
Mich hatte der Hinweis auf ein Museum der „Geschichte der Spaghetti" neugierig gemacht. Auch deshalb, weil Genni versicherte, daß es sich dabei um das einzige Spaghettimuseum in Europa oder doch wenigstens in Italien handeln müsse. Es sei schon sonderbar, daß sich dieses Museum weder in Neapel noch in Florenz, Bologna oder Genua befindet, sondern in einem kleinen Dorf, nicht weit von der französischen Grenze.

Unterwegs

Mein Entschluß stand am nächsten Morgen fest. Ich wollte meine Rückreise um ein paar Tage verschieben, die Reiseroute zurück nach Deutschland ändern und nach Pontedassio fahren. Mich interessierte dieses Museum, und ich war gespannt darauf, Spaghetti als Museumsstücke zu erleben. Außerdem war ich in diesem Teil Italiens das letzte Mal über fünfundzwanzig Jahre zuvor mit meinen Eltern in den Sommerferien gewesen. Ich erinnere mich, wie ich am ersten Tag geweint hatte, weil wir in Varazze nicht an den Strand gehen konnten, ohne dafür vorher bezahlt zu haben. Es war meine erste Berührung mit dem Meer.
Von Mailand fuhr ich an diesem Morgen die Autostrada Richtung Genua, wechselte aber in Tortona auf die Autostrada Richtung Ventimiglia. Sie hat den Vorteil, weniger kurvenreich zu sein. In Varazze bog ich ab, weil ich auf das Hotel neugierig war, in dem wir damals gewohnt hatten. Es stand noch, war aber jetzt, Anfang Oktober, schon für den Winter mit Brettern vor Fenstern und Türen verschlossen. Auch die Badekabinen, die immer noch den Zugang zum Meer versperrten, waren da. Aus Sorge vor den Winterstürmen und Angst vor Überflutungen war man aber jetzt damit beschäftigt, sie abzubauen. An diesem Tag erinnerten nur die vernagelten Hotels und der Abbau der Kabinen an die bevorstehende kalte, stürmische Jahreszeit. Noch war es sehr warm. Ich hatte Lust, nach den zweieinhalb Stunden Autofahrt im Meer zu baden. Der Strand war bei diesem Wetter gut besucht.
Als ich wieder aus dem Wasser kam, sah ich nur noch wenige Menschen am Strand. Es war mittlerweile nach zwölf; Zeit, Essen zu gehen, aber auch die Zeit, in der man in Italien am leichtesten zwei Stunden lang allein sein kann, weil dann alle beim Essen sind. Vom Schwimmen war ich etwas müde, aber auch hungrig geworden. So tat ich es den anderen nach und brach nach einer Weile auf. Ausruhen am Strand und dabei womöglich von pansoti und anderen Teigwaren träumen wollte ich nicht. Von geträumten Nudeln werde ich nicht satt.

Ein Traum und viele Wege, ihn zu erfüllen

Es hat den Anschein, als werde man von solchen Träumen besonders dann heimgesucht, wenn man gerade nicht in Italien ist. Es sind meist sehnsuchtsvolle Erinnerungen an dieses Land, die nicht selten mit dem beginnen und auch aufhören, was man dort gegessen hat.
Heinrich Heine hat 1834 solch einen schönen Traum beschrieben:

„Nur gar zu oft denke ich an Italien und am öftersten des Nachts. Vorgestern träumte mir: ich befände mich in Italien und sei ein bunter Harlekin und läge recht faulenzerisch unter einer Trauerweide. Die herabhängenden Zweige dieser Trauerweide waren aber lauter Makkaroni, die mir lang und lieblich ins Maul flossen, statt Sonnenstrahlen lauter gelbe Butterströme, und endlich fiel von oben herab ein weißer Regen von geriebenem Parmesankäse.“

Der Träumende bei Heine träumt sich fort in ein Land, in dem er, wie im Schlaraffenland, faul unter Bäumen herumliegt und sich sättigen läßt. Er schlüpft dabei in ein Kleid, das Pulcinella, dem neapolitanischen Spaßmacher der Commedia dell'Arte, gehören könnte. Denn auch Pulcinella war ein großer Freund der Maccheroni (Abb. 2). Aber nicht nur das. Jacopo Vittorelli feiert ihn in einem 1773 verfaßten Kurzepos „I maccheroni" gar als den Erfinder eines Gerichts, „das die Seele fröhlich macht". Pulcinella „nimmt das Mehl aus dem Beutel, holt das Wasser aus dem Bächlein und überlegt sich ein Meisterwerk. Er macht eine Sorte Pasta viel schneller als ich beschreiben kann. Dann gibt er sich Mühe, Teigplatten zu bereiten, formt sie zu Röhrchen und nennt sie Maccheroni". Und so „soll Pulcinella zwischen den berühmten Helden ganz hoch in den Himmel gehoben werden. Es verschwinden die Gifte, die das Leben zerstören, und es leben für immer die Maccheroni". So wundert es nicht, daß Pulcinella von geträumten Nudeln nichts wissen wollte. In Neapel war allerdings auch kein Mangel an Maccheroni. Seit Ende des 18. Jahrhunderts flossen sie hier tatsächlich in Strömen und waren bald zu einer billigen, an allen Ecken Neapels feilgebotenen Volksspeise geworden.
Um so entsetzter war Pulcinella, als man ihn spaßeshalber zum König machte, ihm aber seine geliebten Maccheroni vorenthielt, weil man meinte, sie seien für eine solch vornehme Persönlichkeit eine zu populäre Speise. Als Pulcinella das spitzbekam, hatte er nichts Eiligeres zu tun, als sofort zurückzutreten.
Heines Eindrücke von der italienischen Küche kommen ohne Vergleiche mit den Frauen nicht aus:

„Italiens gelbfette, leidenschaftsgewürzte, humoristisch garnierte, aber doch schmachtend idealische Küche trägt ganz den Charakter der italienischen Schönen. Oh, wie sehne ich mich manchmal nach den lombardischen Stuffados, nach den Tagliarinis und Broccolis der holdseligen Toskana! Alles schwimmt in Öl, träge und zärtlich, und trillert Rossinis süße Melodien, und weint vor Zwiebelduft und Sehnsucht! Den Makkaroni mußt du aber mit den Fingern essen, und dann heißt er: Beatrice!"

Heine wußte also nur zu gut, daß man von geträumten Maccheroni nicht satt ward. So ist sein Traum von Italien als einem Land, in dem die Nudeln goldfließend von Bäumen ins Maul der Faulenzer und Narren fallen, nach einhundertfünfzig Jahren erstaunlich aktuell. Das muß wohl damit etwas zu tun haben, daß nach wie vor Italieneindrücke bei uns durchsättigt sind von schönen, wohlschmeckenden Erinnerungen an diese so sympathische Eßgewohnheit der Italiener, doch wenigstens einmal am Tag ihre Pasta zu kochen. 2,8 Millionen Tonnen stellen sie davon jährlich her, wobei sie von dieser Menge nur etwa 12 % ins Ausland exportieren. Die Statistik sagt, daß ein Italiener täglich fast 100 Gramm Pasta verspeist. Das ist Weltrekord. Wir in Deutschland schaffen gerade 17 Gramm am Tag.
Im Museum in Pontedassio habe ich später einen Brief gefunden, den der Komponist Gioacchino Rossini am 4. März 1859 aus Paris einem Freund geschrieben hat. Er teilt ihm darin mit, wie sehr er darunter leide, auf seine täglichen Maccheroni verzichten zu müssen. Rossini bittet darum, beim Händler nachzuforschen, warum die Lieferung der Maccheroni seit längerem ausgeblie-

ben sei. Ein *Senza Maccheroni*!!!! setzt Rossini mit vier Ausrufezeichen unter seinen Namen. „Ohne Maccheroni“ – das war ein anderer Rossini!
Dem Problem, das Rossini fern von Italien in Paris mit den fehlenden Maccheroni hatte, gehen passionierte Italienreisende inzwischen dadurch aus dem Weg, indem sie die Pasta mit Hilfe handgerechter „Maschinen“ zu Hause selbst herstellen. Das „fatta in casa“ (Abb. 3), mit dem man irgendwann gelernt hat, in Italien nach der Qualität der auf der Speisekarte angebotenen Nudeln zu fragen, scheint manchem in der Erinnerung wie ein Teil authentischer Italienerfahrung. Da kursiert das Bild von der Großmutter, die den ganzen Vormittag in der Küche hingebungsvoll mit dem Anfertigen, Ausrollen und Formen des Pastateigs beschäftigt ist. Und die dazu einen *sugo* (Soße) zu bereiten weiß, wie er nur hier, in einer bestimmten Region, einer Stadt oder einem abgelegenen Tal Italiens seit langem gebräuchlich ist.
An diesem Bild ist sicherlich manches schief. Das Authentische solcher Erfahrungen wird in Italien selbst zunehmend zurückgedrängt.
Auch vergißt man darüber leicht, wie viele Stunden Arbeit in der selbstgemachten Pasta stecken. Nicht in jeder italienischen Familie gibt es noch diese Großmutter, vor allem nicht in den großen Städten des Nordens.
Als ich in Mailand war, hatte ich mit der Freundin jene pansoti zubereitet. Wir waren damit den ganzen Sonntagvormittag beschäftigt; denn es waren sehr viele Teigtaschen, die wir für die sechs Personen mit unseren Händen vorbereiten, kochen und anrichten mußten.
Andererseits ist auch viel Richtiges an diesem Bild der Zubereitung der Pasta: daß an ihr, aufgrund der Hände, die da mit im Spiel sind, wie bei keiner anderen Speise regionale und lokale Besonderheiten des Landes zum Ausdruck kommen. Um deshalb die Pasta kennenzulernen, mußte ich reisen, reisen und nochmals reisen. Man kann hinkommen, wo man will: *Pasta* – ob als *Spaghetti*, *Tortellini*, ob als *Penne* oder *Cappelletti*, als *Fettucine* oder *Ravioli* – wird man immer irgendwo bekommen. Und nicht selten geschieht es, daß mich erst die Speisekarte einer Trattoria oder eines Restaurants so recht daran erinnert, daß ich gestern oder heute morgen noch woanders gewesen bin.
Doch in einer Metropole wie Mailand, in der Menschen aus allen Regionen, vor allem aus dem Süden Italiens leben, sind außer der lombardischen Küche hauptsächlich die toskanische mit ihren *Pappardelle*, die sardische mit den *Malloreddus* oder die sizilianische mit der *Pasta con le sarde* vertreten.
Mittags fuhr ich von Varazze noch die 25 Kilometer auf der Via Aurelia bis Finale Ligure und fand dort, nicht direkt an der Küste, sondern etwas oberhalb im alten Teil des Städtchens, in Finale Borgo, ein wirklich gutes Restaurant. Der beste Weg, ohne Reiseführer eine gediegene, gute Küche zu finden, ist, in den Ortschaften Leute auf der Straße danach zu fragen. Nur ganz selten habe ich dabei erlebt, daß mich der Befragte in irgendein Restaurant zu Verwandten oder Bekannten schleusen wollte, weil er sich vielleicht eine Provision davon versprach. Wenn ich so etwas merkte und ich keinen guten Eindruck bei der Sache hatte, so konnte ich mich bisher immer noch rechtzeitig höflich verabschieden. Ich habe nichts gegen große, gute Restaurants und Feinschmeckerlokale, aber mir sind die kleinen Trattorien weitaus sympathischer. In diesen oft familiären Gasthäusern erübrigt es sich, dem Hungrigen eine „lista“ (Speisekarte) vorzulegen, denn das Kommando in der Küche füh-

ren meist die Frauen. Und das, was sich die Nonna oder die Mamma am Vormittag ausdenken, wird frisch zubereitet und fast immer eine Spezialität aus der Gegend sein. Auch ohne viele Kenntnisse der italienischen Sprache kann man meistens Vertrauen in die Menüzusammenstellung haben.
Das Restaurant, das man mir empfohlen hatte, heißt AI TORCHI, und als Vorspeise wählte ich *Trenette al pesto*. Ich hatte sie vorher so noch nie gegessen, und von der Küche aus bestätigte man mir, daß sie, auf diese Weise zubereitet, ein typisches Gericht dieser Gegend seien.
Der Reichtum an mitunter äußerst phantasievollen Bezeichnungen für die Nudel scheint unermeßlich. Wer kann schon all diese Namen behalten? Die *Agnolotti*, *Anolini*, *Bigoli*, *Cavatappi*, *Farfalle*, *Malfatti*, *Marubini*, *Pizzoccheri* oder *Zite*. Die über einhundertfünfzig Namen, die nicht nur uns, sondern auch die Italiener verwirren, verdanken sich einmal den vielen lokalen Dialektformen. Entscheidend dürfte aber der historische Hintergrund der Entwicklung Italiens zu einem einheitlichen Nationalstaat sein, zu dem es 1860, also verhältnismäßig spät, kam. Bis dahin hatten sich über Jahrhunderte mannigfache regionale Unterschiede und Eigenarten aufgrund politischer und kultureller (auch kulinarischer) Selbständigkeit ausbilden können.
Das Verwirrspiel um die Bezeichnungen für die Pasta wird so zu einem Spiegel dieser Geschichte Italiens, die ein Mosaik vieler einzelner Geschichten ist.

SPAGHETTI IM MUSEUM

Ankunft in Pontedassio

Von Finale Ligure mußte ich noch etwa eine halbe Stunde die Küste entlangfahren, auch vorbei an dem hoch über Straße und Meer gelegenen Örtchen CERVO, von wo aus man einen großartigen Blick über die Bucht von Diano Marina hat. Hinter dieser Bucht liegt IMPERIA, die Provinzhauptstadt der Region, mit dem alten Stadtteil ONEGLIA. Hier wurde 1466 Genuas großer Seeheld, Andrea Doria, geboren, der wohl nach Kolumbus der größte Genuese gewesen war.
Von Imperias Zentrum, einem weiten, verkehrsreichen, von Arkaden gesäumten Platz, führt die Nationalstraße 28 nach TURIN. Es ist die napoleonische Verbindung vom Meer hinauf ins Piemont. An ihr, so ist ausgeschildert, müßte ich nach etwa sieben Kilometern PONTEDASSIO erreichen.
Nach einer kurvenreichen Fahrt durch ein Tal voller Olivenbäume weist in Pontedassio zunächst keines der üblichen Schilder auf die Existenz eines Museums hin. Also frage ich und erfahre, daß ich links von der Hauptstraße abbiegen und eine schmale Straße hinunter in den alten Teil des Ortes fahren soll. Hier muß ich mich erneut erkundigen, da es immer noch keine Hinweise auf das Museum gibt, an dessen Existenz ich langsam zu zweifeln beginne. Schließlich stehe ich vor einem Haus, das, eingebunden in eine alte Gasse, teilweise unterfangen wird von einem tiefen gewölbeartigen Durchgang mit altem landwirtschaftlichem Gerät, gestapeltem Holz für den Winter und einer ganzen Menge Bauschutt. Rechts neben der Tür zum Haus ist eine Marmorplatte befestigt. Auf ihr lese ich:

MUSEO STORICO DEGLI SPAGHETTI

Kein Zweifel, es ist das Museum.
Allerdings ist die Tür verschlossen, und ein Hinweis auf die Öffnungszeiten ist nicht zu finden. Eine ältere Frau, die mich beobachtet hatte, kommt lächelnd auf mich zu und sagt mir, daß ich ohne die Signorina Agnesi nicht ins Museum könne. „Und wer ist diese Signorina?“ Sie finde ich in Imperia, in der Fabrik, wo sie die Spaghetti herstellen.
Auf der Fahrt zurück erinnere ich mich, daß mir bei der Ankunft kurz vor der Stadt, oben vom Hügel kommend, eine Fabriklandschaft am Hafen aufgefallen ist mit großen roten Buchstaben auf dem Dach eines der Gebäude – Pasta Agnesi. Diesmal muß ich mich nicht durchfragen. Wieder angekommen auf dem zentralen Platz, führt eine Straße hinunter zum Hafen und zur Fabrik. Sie liegt im alten Teil Oneglia, umgeben von drei- bis viergeschossigen, etwas heruntergekommenen Wohnhäusern.
Dem Pförtner erzähle ich, daß ich eben in Pontedassio war und gerne das Museum besichtigen möchte. Daraufhin vereinbaren wir einen Termin mit der Signorina Eva. Sie ist, wie sie mir am nächsten Morgen sagt, zuständig für das Museum und, wie ich eher beiläufig von ihr erfahre, zugleich die Präsidentin des gesamten Unternehmens. Auf der Fahrt zum Museum erzählt mir Eva Agnesi von ihrer Familie, von dem Museum und wie es mit der Fabrik in Verbindung steht.
Zunächst erfahre ich, daß der Ort seinen Namen einer Brücke verdankt (Ponte), die man damals aus Holzbrettern (D'Assi) angefertigt hatte, um mit

ihrer Hilfe den Wildbach Impero zu überqueren. Das Tal hat seit dem 19. Jahrhundert den Namen Valle d'Oro (Goldenes Tal), weil die Olivenproduktion in diesem Jahrhundert für die dortige Bevölkerung die Grundlage eines verhältnismäßig hohen Einkommens war. In diesem Tal erwarb 1824 Paolo Battista Agnesi eine Mühle von einem Müller aus Pontedassio. Diese Mühle hatte durch eine Verordnung des Königs das Privileg, daß alles Korn, das für den Verzehr in dieser Region geerntet wurde, nur in ihr und nicht woanders gemahlen werden durfte. Ein gemaltes Familienwappen der Savoia, das Kreuz und die vier Köpfe des Mohren, wies an der Außenwand der Mühle jeden auf das Privileg hin. Doch etwas Besonderes war das zunächst nicht, wenn man sich vor Augen hält, wie die Mühle in den ersten Jahren arbeitete. Nämlich nur mit einem Mahlstein, der sich auf einem anderen drehte. Üblich waren in den Mühlen damals ein bis zwei, wenig später höchstenfalls vier. Ein italienisches Sprichwort, Mangiare a quattro palmenti, wird heute noch gerne benutzt, um jemandem, der viel und hastig seine Mahlzeit hinunterschlingt, zu sagen, er würde so schnell essen wie eine Mühle, die das Korn mit vier Mühlsteinen (palmenti) mahlt. Einmal mit diesem Privileg – heute würde man es Monopol nennen – ausgestattet, war es notwendig, die Mahlkapazität der Mühle des Paolo Agnesi in der Folgezeit zu erhöhen.
Eva Agnesi erzählt mir in diesem Zusammenhang von einem Sohn Paolos, Giacomo, einem jungen Rechtsanwalt, der sich vorübergehend sogar in Paris aufgehalten hat, nur um dort Erfahrungen über technische Möglichkeiten eines wirtschaftlicheren Mahlens zu sammeln.
Schließlich konnte die Mühle 1836 erstmals mit nicht weniger als neun Mahlsteinen das Mehl mahlen. Sie war jetzt in der Lage, ganz alleine den gesamten Bezirk mit Mehl zu versorgen. Kein Wunder also, daß diese Mühle weit und breit keine Konkurrenz fürchten mußte. Und mit dem Mehl des Agnesi, so wird berichtet, waren die umliegenden Bäcker außerordentlich zufrieden.
Ein Müller hat es dann doch einmal versucht. Man erzählt, daß er sich in der Nähe des Tals ansiedelte und durch „Spione" herauszufinden versuchte, was das Geheimnis des so beliebten Mehls des Müllers Agnesi war. Dieser Müller wollte genau wissen, mit welchen Maschinen und in welchen Arbeitsgängen Agnesi das Korn bearbeitete. Vor allem kam es ihm darauf an zu erfahren, wo der große Konkurrent sein Korn kaufte.
So gelang es dem Müller, die Bäcker aus der Umgebung davon zu überzeugen, daß auch er ebenso gutes Mehl mahlen konnte. Nachdem man sich versicherte, daß alles wie bei Agnesi gemacht war und sogar das Korn vom gleichen Erzeuger stammte, beschlossen einige Bäcker, dem neuen Müller eine Chance zu geben.
Ihr Brot aber kaufte keiner, weil der Teig nicht so recht aufgehen wollte und das Brot deshalb flach und kloßig blieb.
Es ist leicht, sich vorzustellen, was der Müller alles noch ausprobiert haben muß, um zu dem gleichen guten Mehl beziehungsweise Brot zu gelangen wie sein Kollege. Nach langem Hin und Her entschloß er sich, die gesamten Investitionen in den Wind zu schreiben.
Eva Agnesi hat mir das Geheimnis verraten, dem das Agnesische Mehl seine besondere Qualität verdankte. Als ihr Ururgroßvater seine erste Kornlieferung bekam, erhielt er zusammen mit dem Lieferschein auch einen Brief, in

dem ihm sein Sohn mitteilte, daß das Korn vor seiner Weiterverarbeitung zwei bis drei Monate lagern müsse.
Neben dem Mühlenbetrieb haben die Agnesi bald damit begonnen, in einem kleinen Pastificio (Pastafabrik) auch selber Pasta herzustellen. Bis 1889 wurde das Mehl in Pontedassio gemahlen, ehe man den Entschluß faßte, den alten Betrieb aufzugeben und eine große, mit modernen Maschinen arbeitende Fabrik an den Hafen von Oneglia zu verlegen. Hier gab es den direkten Anschluß an die Eisenbahnlinie. Und als 1890 das erste große ausländische Schiff, die „Tordenskiold", mit russischem Getreide in Oneglia einlief, hatten die Agnesi bereits damit begonnen, dort unten am Hafen die neue Mühle zu bauen. Seitdem haben sich der Mühlenbetrieb und vor allem die Pastaproduktion in dieser ligurischen Fabrik gleichmäßig zum drittgrößten Hersteller in Italien entwickelt.
Dies alles hatte ich bereits von Eva Agnesi erfahren, als wir schließlich vor dem Eingang des Museums in Pontedassio standen, dem Wohnhaus, in dem Paolo Battista Agnesi mit seiner Frau und seinen fünfzehn Kindern nach 1824 gelebt hatte. Im Juli 1958 war es Vincenzo Agnesi, der in diesem alten Familienhaus das Museo storico degli spaghetti eingerichtet hat. Für THE TIMES in London war das immerhin Anlaß genug, über die Eröffnung des Museums ausführlich zu berichten.

Im Spaghetti-Museum

In dem dreigeschossigen Haus, das sich als ein kleiner, wohlproportionierter Stadtpalast entpuppt, sind im Untergeschoß in zwei niedrigen, gewölbten und ineinander übergehenden Räumen eine alte und eine neuere Maschine aufgestellt. Die „gramola a mola" (Abb. 5), eine Teigknetmaschine älterer Art, besteht aus einem großen Rad aus Marmor, das, gehalten von einer Holzbalkenkonstruktion, mit einem dicken Kolben und einem Zahnrad verbunden, in einem Bottich den Teig knetet. Die Entwicklung dieser „gramola" geht auf die Anfangsjahre des 19. Jahrhunderts zurück. Die Konstruktion, vor der ich stehe, ist beeindruckend, und ich erfahre, daß damit noch bis zum Ende dieses Jahrhunderts der Pastateig der Agnesi bearbeitet wurde. Die andere Maschine ist ein Modell der „prima continua", der ersten kontinuierlich laufenden Pastamaschine.
Die beiden obersten Stockwerke sind unbewohnt und werden zur Zeit restauriert, um das Museum eventuell zu vergrößern.
Von der Dachterrasse hat man einen sehr schönen Blick in das Tal und auf den alten Teil der Ortschaft (Abb. 6).
Vom Treppenhaus führt im ersten Obergeschoß eine Tür zu den insgesamt fünf Räumen des Museums.
Im ersten Raum fühle ich mich in einen schlicht eingerichteten Wohnraum des vergangenen Jahrhunderts zurückversetzt. Eva Agnesi zeigt auf den Fußboden und sagt, das sei das einzige, was die deutschen und später die italienischen Faschisten während des Krieges nicht verbrennen konnten, als sie hier ihre Quartiere hatten.

An einer Wand hängt ein Bild vom kleinen und großen Pulcinella (Abb. 2). Zwischen den beiden Fenstern zur Gasse hinaus steht ein Sekretär mit einer Menge neuerer und vor allem älterer Literatur. Fast alle Bücher handeln von der Pasta. Und während ich mir noch vorstelle, wie spannend es sein müßte, in all den alten Werken herumzublättern, weist mich Signorina Eva auf die Kopie eines Dokuments hin. Das Original befindet sich im Staatsarchiv in Genua und datiert vom 4. Februar 1279.
Man muß dazu sagen, daß es in Italien nur wenige Städte gibt, in der so lückenlos alle juristischen beziehungsweise notariellen Akten seit dem Mittelalter aufbewahrt sind. Das Dokument vom Februar 1279 ist eine notarielle Auflistung des Nachlasses von Ponzio Bastone, einem Soldaten.
Der Genueser Notar Ugolino Scarpa war so gründlich vorgegangen, daß er in diesem Nachlaß einen gut gefüllten Korb Maccheroni, „bariscella una plena de macaronis", nicht vergessen hat.
Es muß sich bei diesen Nudeln um *pasta secca* gehandelt haben, die mit großer Wahrscheinlichkeit die Form der heutigen *Gnocchi* hatte. Um es präziser auszudrücken: Sie ähnelten den sardischen *Malloreddus* (kleine Stiere), die heute noch von den Frauen auf Sardinien zu Hause angefertigt werden. Aus dem Teig formt man kleine Kugeln, drückt und rollt sie mit dem Daumen gegen den Boden eines schön geflochtenen Körbchens, auf sardisch ciurliri. Durch dieses Andrücken erhält man die charakteristischen Einkerbungen an der Pasta, die das Negativ des aus Weidenruten geflochtenen Körbchens zeigen.
Auf dieses Dokument sind sie hier in Ligurien ganz besonders stolz. Es belegt, daß sie für ihre Pasta nicht auf Marco Polo warten mußten, der erst dreizehn Jahre später, 1292, aus Asien die Spaghetti mitgebracht haben soll.
Auf diese Geschichte wird in einem kleinen Seitenraum des Museums hingewiesen. In einer Glasvitrine ist ein Puppentheater für Kinder aufgestellt, das Marco Polo am Hofe des Kaisers von China zeigt. Sie vergnügen sich beim Tanz und beim Essen von Spaghetti.
Weitere Dokumente belegen hier im Museum die wichtige Rolle, die Genua und Ligurien in der Geschichte der Pasta gespielt haben. Zwei davon möchte ich hier nur erwähnen. Beim einen handelt es sich um ein Kücheninventar des Giacomino Vicini di Recco vom 19. Oktober 1363. Darin ist von einer „caza lasagnaria", einer durchlöcherten Schöpfkelle für Lasagne, die Rede.
Das andere Dokument ist ein Statut der Zunft der Pastahersteller Genuas, der Arte dei fidelari, das der Senat der Stadt 1574 offiziell genehmigte (Abb. 7). Das Statut besagt, daß von nun an bei der Pasta Mehl von Hartweizen zu verwenden sei. Kein Meister der genannten Zunft sollte darüber hinaus die Erlaubnis haben, ein englisches oder irgendein anderes Schiff zu benutzen, um Korn oder Getreide zu kaufen. Aber es sollte ihm erlaubt sein, diese auf dem Land bei den Bauern zu kaufen. Weiter sollte jeder verpflichtet werden, das erworbene Korn oder Getreide unter den Mitgliedern der Zunft so zu teilen, daß an sie zwei Drittel und an ihn nur ein Drittel gingen. Bei eventuellen Verstößen entschied der Senat von Genua. Eine Konkurrenz untereinander war dadurch ausgeschlossen.
Angesichts der Dokumente, die hier im Museum aufbewahrt werden, frage ich Eva Agnesi, ob sie wüßte, wann genau die Geschichte der Spaghetti in Italien

begonnen hätte und ob die notarielle Urkunde von 1279 wirklich der früheste Hinweis sei?
Sie zeigt mir zwei Fotografien von Steinpfeilern (Abb. 8). Gefunden hat man sie in CERVETERI (das liegt zwischen Rom und Civitavecchia) in der „tomba dei rilievi", in einem etruskischen Grab aus dem 4. Jahrhundert v. Chr. Diese Pfeiler sind mit Reliefs verziert. Auf einem davon glaubt man, ein Nudelbrett zu erkennen, an einem Nagel befestigt, an dem auch ein Mehlbeutel hängt. Mit diesem Beutelchen bestäubte man das Brett beim Teigkneten. Seitlich davon hängt ein kleines Schöpfkellensieb, und unten, neben einer Zange, sieht man ein Teigrädchen, mit dem man der Pasta verschiedene Formen geben konnte.
Auf dem anderen Pfeiler ist ein Messer bemerkenswert, mit dem Nudeln geschnitten wurden. Direkt daneben hängt das Nudelholz.
Diese sehr frühen Belege überzeugen. Aber wie kam die Pasta von den Etruskern in den Nachlaß des Genueser Soldaten im Jahre 1279?
Im nächsten Zimmer ist ein Modell aufgebaut, bei dem man zwei Arbeitsgänge nachvollziehen kann: Das Bearbeiten des Teiges durch das Mühlrad aus Stein (gramola a molazza) und das Pressen der Teigwaren (torchio a vite).
In einem Schrank und in kleinen Vitrinen sind verschiedene Arbeitsgeräte aufbewahrt, mit denen man im vorigen Jahrhundert und auch früher den Pastateig bearbeitete.
Auch hat man versucht, das Zimmer zu rekonstruieren, in dem Paolo Battista Agnesi seine Rechnungen und Briefe geschrieben hat (Abb. 9). Auf einem winzigen Tisch fällt mir vor allem ein Schreibapparat auf; ein Vorläufer unserer Schreibmaschine, der aber eher an ein altes Morsegerät erinnert. Ein Foto an der Wand zeigt Agnesi in der Uniform des napoleonischen Offiziers.

Weizen aus Taganrog

Von einem anderen Tisch nimmt Signorina Eva eine dunkle, bauchige Holzschale in die Hand und fragt mich, ob ich wüßte, wo TAGANROG liegt. Es hört sich russisch an, doch ich habe keine Ahnung, wo es liege.
Sie erzählt mir, daß Taganrog eine russische Hafenstadt in der Nähe des Schwarzen Meeres ist. Im frühen 19. Jahrhundert importierte man in Italien den größten Teil des Hartweizens für die Produktion der Pasta aus den weiten Anbaugebieten des Schwarzmeerraumes.
Eva Angesi erklärt mir die Bedeutung, die Hartweizen auch heute noch für die Teigwarenherstellung hat. Beim Weizen unterscheiden wir vor allem Weich- und Hartweizen. Weichweizen *(triticum vulgare)* hat 21 Chromosomenpaare, und der Hartweizen *(triticum durum)* hat nur 14. Der „König der Weizen" für die Brotherstellung ist der *Manitoba*. Er kommt aus der kanadischen Provinz gleichen Namens.
Der „König der Hartweizen" war hingegen der von Taganrog. Er besaß im Trockenzustand nicht weniger als 17 % Kleber (Bestandteil des Getreideeiweißes) und zirka 20 % stickstoffhaltige Substanzen. Die Kleber waren von bester Beschaffenheit. Ihr hoher Anteil und ihre hervorragende Qualität

gaben diesem Weizen seinen guten Ruf. Er eignete sich deshalb zur Verarbeitung von Pasta, weil der Teig hart und kurz sein muß und weniger elastisch und dehnbar, Eigenschaften, die zum Beispiel beim Pizza- und Brotteig außerordentlich wichtig sind. Man muß sich vorstellen, daß die frisch aus der Maschine herauskommenden Spaghetti auf Stangen gehängt wurden. Wehe, sie wären wegen ihres eigenen Gewichts länger und damit ja auch dünner geworden!
Die Italiener wurden sehr bald zum wichtigsten Abnehmer des im Hafen von Taganrog verladenen Hartweizens. Daher ließen sich einige von ihnen dort bald mit ihren Familien nieder, um sowohl den Handel als auch den Anbau kontrollieren zu können.
Die italienischen Bauern, die vor allem in Apulien und Sizilien einen minderwertigen Weizen anbauten, fanden dadurch kaum mehr Abnehmer.
Die „pastai“ (Pastahersteller) hatten immer die Auffassung vertreten, keine guten Maccheroni herstellen zu können ohne jenen Hartweizen aus Taganrog. Die besondere Qualität des neapolitanischen Nationalgerichtes setzte sich gegenüber den Interessen der Bauern durch. Russischer Hartweizen wurde weiterhin importiert, und da es somit für die Bauern unmöglich gewesen war, den Import zu verhindern, versuchten sie sich selbst im Anbau des so wichtigen Hartweizens. Zugute kam ihnen dabei sicherlich das milde Klima. Doch an die Qualität des Hartweizens aus Taganrog reichte man nicht heran.
Heute ist Italien der größte Hartweizenproduzent der Welt, aber immer noch auf Importe angewiesen, die inzwischen nicht mehr aus Taganrog, sondern aus den USA, Argentinien und Kanada kommen.
Die sehr schöne dunkle Holzschale, die Eva Agnesi immer noch in der Hand hält, spielte bei der Ankunft der Schiffe aus Rußland im Hafen von Genua oder später Oneglia eine nicht unbedeutende Rolle. Mit ihr nämlich holten die Käufer noch an Bord eine Probe des Getreides, um dessen Qualität zu prüfen.

Italiens Pasta und Russlands Revolution

Wir hörten, daß Rußland damals in Europa mit seiner Produktion des besten Hartweizens führend war: Ausschlaggebend war die schwarze Erde dieses Landes und weniger die besondere Qualität des Weizensamens. So sagt ein russisches Sprichwort: „Säe Steine und Du erntest Weizen.“ Also mußte man sich wenig Gedanken um den Weizensamen machen. Die schwarze Erde ersetzte alles. Wie stark mußte sich daher der italienische Magen von einem großen, die Welt verändernden Ereignis getroffen fühlen, das dafür verantwortlich war, daß Rußland als Exportland für jenen begehrten Hartweizen plötzlich nicht mehr in Frage kam? Das weltgeschichtliche Ereignis war die russische Oktoberrevolution des Jahres 1917.
Lenin hatte in einem Erlaß am 14. Mai 1918 ein Weizenmonopol für den neuen sozialistischen Staat proklamiert. Danach wurden die Bauern verpflichtet, allen von ihnen angebauten und geernteten Weizen, bis auf einen geringen Anteil für die eigene Familie, an den Staat abzugeben. Die Folge aber war,

daß die Bauern sehr viel weniger anbauten und die Vorräte im Land immer weiter zurückgingen. Weizen war nun in der Sowjetunion so knapp geworden, daß selbst für die Neuaussaat nichts mehr übrig blieb. Diese Entwicklung hatte bald zur Folge, daß es auch für Italien den so wichtigen Hartweizen nicht mehr gab. Die Hungersnot in der Sowjetunion war so groß, daß aller verfügbarer Weizen im eigenen Land verbraucht werden mußte (Abb. 10).
Die Situation begann sich erst wieder mit der 1922 einsetzenden NEP, der Neuen Ökonomischen Politik (1922–1926), zu stabilisieren. Die Bauern bekamen wieder die Freiheit anzubauen, was sie wollten. Sie konnten zudem noch alles, was ihnen gehörte, auf dem freien Markt verkaufen. Sie mußten lediglich eine Naturalsteuer entrichten, waren aber nicht mehr gezwungen, den Weizen an den Staat abzuliefern. Rußland erholte sich und produzierte 1926 sowohl in der Industrie als auch in der Landwirtschaft etwa so viel wie in dem letzten Vorkriegsjahr 1913.
Die italienische Regierung hat sich in den 20er Jahren mehrmals um die Wiederaufnahme des so wichtigen Hartweizen-Imports aus Taganrog bemüht. In der Handelsbörse in Genua kam es zu Verhandlungen mit sowjetischen Delegierten, die man nach Italien eingeladen hatte. Es gelang schließlich, neue Lieferungen zu vereinbaren. Doch mußte man bei Eintreffen des Weizens feststellen, daß es sich – trotz vorheriger Beteuerungen von sowjetischer Seite – nicht mehr um den reinen Hartweizen handelte. Die Russen hatten eine aus einem Gemisch von Roggen, Gerste, Hart- und Weichweizen zusammengestellte Schiffsladung geschickt.
Erneute Nachforschungen und Bestellungen führten zu keinem anderen Ergebnis.
Man mußte sich schließlich damit abfinden, daß der traditionelle und für die Pasta so wichtige Hartweizen aus Taganrog nicht mehr zu bekommen war.
Obwohl einige Wissenschaftler noch immer nach einem solch guten Weizen forschen, erstaunt es, daß es bisher nicht gelingen konnte, auch nur annähernd an die Qualität des „Königs der Hartweizen“ heranzukommen.

EINE HANDVOLL MACCHERONI

MANGIAFOGLIA – MANGIAMACCHERONI
VON DER PASTA IN NEAPEL

Ein anderer Raum des Museums ist Neapel gewidmet. Aber nicht allein das ist bemerkenswert. An diesem Raum fällt mir auch auf, daß sich Vincenzo Agnesi vor 27 Jahren offensichtlich bemüht hat, der Bedeutung Neapels für die Entwicklung der Pasta mit einer Ausstellungsarchitektur im Stil der fünfziger Jahre gerecht zu werden. Kernstück dieses Arrangements ist ein künstlich geschaffener Blick über die Balustrade eines imaginären Balkonzimmers hinaus auf eine Straße, auf der man in langen Reihen Maccheroni zum Trocknen aufgehängt hat.
Als Heine vom maccheroniessenden Harlekin träumte, wußte er nur zu gut vom wirklichen Geschmack dieser Nudeln. Heine war viel in Italien herumgereist. Ob er auch in Neapel war? Ich glaube nicht. Doch hätte er sich die Anregung zu seinem schönen Traum bei einem anderen berühmten Italienreisenden holen können.
Goethe war auf seiner großen Reise durch Italien bei seinem zweiten Aufenthalt in Neapel besonders von den Märkten der Stadt beeindruckt. Begeistert hat ihn vor allem der Reichtum an Gemüse und deren, wie er schreibt, „unglaubliche Konsumtion“. Goethe war 1787 in Neapel und hatte sich noch selbst überzeugen können, daß man dem Neapolitaner zu Recht den Beinamen „mangiafoglia“ (Blattesser) gegeben hatte (Abb. 11). Allerdings ist in jenen Jahren dieser Beiname bereits von einem anderen, nämlich „mangiamaccheroni“ (Maccheroniesser), verdrängt worden (Abb. 12).
Goethe hat selbst beschrieben, auf welche Weise:

„Was die Mehl- und Milchspeisen betrifft, welche unsere Köchinnen so mannigfaltig zu bereiten wissen, ist für jenes Volk, das sich in dergleichen Dingen gerne kurz faßt und keine wohleingerichtete Küche hat, doppelt gesorgt. Die Maccaroni, ein zarter, stark durchgearbeiteter, gekochter, in gewissen Gestalten gepreßter Teig von feinem Mehle, sind von allen Sorten überall um ein Geringes zu haben. Sie werden meistens nur im Wasser abgekocht und der geriebene Käse schmälzt und würzt zugleich die Schüssel. Fast an der Ecke jeder großen Straße sind die Backwerkverfertiger mit ihren Pfannen voll siedenden Öls, besonders an Festtagen, beschäftigt, Fische und Backwerk einem jeden nach seinem Verlangen sogleich zu bereiten. Diese Leute haben einen unglaublichen Abgang, und viele tausend Menschen tragen ihr Mittag- und Abendessen von da auf einem Stückchen Papier davon.“

Von Neapel aus, wo es bis in unser Jahrhundert hinein noch üblich war, in der von Goethe geschilderten Art und Weise die Maccheroni auf der Straße zu kochen und zu verkaufen, hat sich die Pasta im Laufe der letzten zwei Jahrhunderte in ganz Italien zum Volksgericht entwickelt. Sie ist die italienische Nationalspeise schlechthin. Im Ausland ist das für die Italiener allerdings zu einem nicht immer schmeichelhaften Attribut geworden. Der „Spaghetti- und Maccheronifresser“, mit dem Italiener als Gastarbeiter in Deutschland leider noch heute, wenn auch seltener, abschätzig bezeichnet werden, ist die dunkle Kehrseite des freundlichen Heinschen Traums von Italien als einem „Maccheroniland". Die abschätzige Bezeichnung „Maccheronifresser" unterschlägt auch, daß es Zeiten gab, da diese Teigware als eine besondere Delikatesse galt.

In einer englischen Zeitschrift, dem SCOTS MAGAZINE, wird 1772 dem englischen Italienfreund mitgeteilt, daß *Macaroni* der Name für ein bekanntes italienisches Gericht sei, das in England bis vor wenigen Jahrzehnten noch so gut wie unbekannt gewesen sei. Es seien ausgesprochene Feinschmecker, die diese Macaroni von Neapel nach England gebracht hätten, um sie dort in London in einem der berühmtesten Restaurants als Spezialität essen zu können. Das Magazin unterrichtet seine Leser weiter, daß die in diesem Restaurant ein- und ausgehenden Dandies sich inzwischen den Titel Macaroni gegeben hätten. Allerdings würde dieser Titel inzwischen auch gern benutzt, um damit affektierte und exaltierte Typen zu charakterisieren (Abb. 13). Bilder, wie das von dem Maccheroni-Verkaufsstand mit Neapel und dem Vesuv im Hintergrund (Abb. 14), belegen, daß man in Neapel die Maccheroni mit den Händen aß: Den Kopf zurückgelehnt, läßt man mit einer Hand die Maccheroni in den geöffneten Mund fallen.

Bilder dieser Art, die den einfachen Neapolitaner ohne Messer und Gabel oder Löffel die Pasta essend zeigen, wurden in hohen Auflagen gedruckt. Für den Touristen waren sie im 19. Jahrhundert ein unverzichtbares Reisemitbringsel (Abb. 4).

Der französische Komponist Hector Berlioz (1803–1869) hat im ersten Teil seiner 1848 abgeschlossenen Memoiren ausführlich seine italienische Reise geschildert, die ihn unter anderem auch nach Neapel führte. Von den verschiedenen Ausflügen, die er dort machte, möchte ich die Begegnung mit einer ganz bestimmten Schicht in Neapel und Umgebung herausgreifen. Hector Berlioz hat die Bekanntschaft der Lazzaroni, wie man vor allem in Neapel die ärmste Klasse der Gelegenheitsarbeiter und Bettler nannte, geschlossen.

„Wer hat nicht für die Sitten der Lazzaroni, dieses so lustigen, diebischen, kindlichen Volkes, das so geistreiche Witze macht, und manchmal eine so harmlose Güte zeigt, eine gewisse Nachsicht empfunden?"

Entschlossen, nach einem Rundgang in der Villa Reale, eine Bootsfahrt zur Felseninsel Nisida zu machen, begab sich Berlioz an den Strand. Er heuerte zu einem vernünftigen Preis vier Ruderer an, deren Anführer jedoch dreißig Francs und noch zwei weitere Kumpane forderte. Berlioz akzeptierte, doch um das letzte Wort zu behalten, verlangte er noch die beiden jungen Burschen mitzunehmen, die stumm dastehend das Aushandeln neidisch beobachteten. Es herrschte große Freude unter den Lazzaroni, und in wenigen Minuten erreichte man die Insel.

Die Rückfahrt mußte angetreten werden, da kalter Wind aufkam und man Angst hatte, den gefährlichen Wellen nicht standzuhalten. Das Bemühen der acht Ruderer war groß, in der heftig schaukelnden Nußschale wieder festes Land zu erreichen. Keinem war mehr zum Lachen und schon gar nicht zum Singen zumute; einige beteten sogar den Rosenkranz.

Glücklich wieder an Land, war die Gefahr jedoch schnell vergessen.

Als dann auch noch die erpreßten dreißig Francs ausgezahlt wurden, freuten sie sich wie kleine Kinder und zeigten sich reuevoll. Man lud Berlioz zum Essen ein. Nach einem Fußweg durch ein Pappelwäldchen, entlang der Straße nach POZZUOLI, erreichte man bald die Hütte der Lazzaroni und begann sofort mit flinker Hand das „Festmahl“ vorzubereiten (Abb. 15).

„Bald erschien ein kleiner Berg von dampfenden Makaroni; man forderte mich auf, dem Beispiele der anderen zu folgen und meine rechte Hand hineinzutauchen; ein großer Krug von Wein vom Pausilippo (Posillipo) wurde auf den Tisch gestellt, und jeder von uns trank der Reihe nach daraus, allerdings nach einem zahnlosen Greis, dem einzigen der Gesellschaft, welcher vor mir trinken durfte, da bei diesen biederen Kindern die Achtung vor dem Alter höher stand als die Höflichkeit, welche sie ihrem Gaste zu schulden glaubten.“

Politische Gespräche folgten und auch alte Geschichten von langen Seereisen des ältesten der Lazzaroni. Zum Abschied herrschte großes Gemurmel, und der größte der jungen Lazzaroni überreichte dem Gast verlegen ein Geschenk: Eine riesige Zwiebel, eine ungeheure Schalotte. Man bat Berlioz, dieses Geschenk anzunehmen,

„welche aus dem herrlichsten besteht, was sie mir anbieten können und imstande ist, den unempfindlichsten Menschen zum Weinen zu bringen“.

Die Besonderheit der neapolitanischen Pasta

In der in London 1806 erschienenen Ausgabe der Zeitschrift „Italian Scenery“ schreibt M. Bonaiuti, daß man die neapolitanischen Maccheroni sehr schnell erkennen könne:

„Sie sind nicht in der Form eines Knäuels gewickelt, wie die aus Genua, sie sind absolut gerade und nur an einem Ende haben sie eine Kurve (gewellt), so daß sie – gleich nachdem sie aus der Presse gekommen sind – in der vorgeschriebenen Länge auf Stöckchen zum Trocknen aufgehängt werden. Das Loch, das von einem Ende zum anderen geht, ist präzise gemacht. Sie zerbrechen nie beim Kochen. Was sie am meisten unterscheidet, ist ihre goldgelbe Farbe. Ihr Teig ist körnig und gegen das Licht betrachtet, scheint er eine besondere Transparenz zu haben, die typisch ist für die echte Maccheroni aus Neapel. Zerbricht man die Maccheroni, erkennt man an der Innenseite einen Glanz, der bei anderen Pastasorten nicht zu sehen ist.“

Die neapolitanische Pasta hatte auf natürliche Weise die Farbe von Bernstein, gelb und durchscheinend, während die anderen weniger glänzten. Und wenn sie – wie die Pasta aus Genua – eine gelbe Farbe aufwiesen, so zeigte das nur deutlich die Verwendung von Safran. Sie waren beinahe undurchsichtig, wenn man sie gegen das Licht hielt.

Der Grund für den Glanz der neapolitanischen Pasta lag in der Art ihrer Herstellung.
In Genua verfügte man über ein besonderes Gerät, die „gramola a mola", die unter dem enormen Druck eines schweren Steinrades (Abb. 5) die kristallinen Körner des Grießes zermalmte und zerstäubte. Durch diesen Mahlprozeß ging größtenteils die „natürliche Gläsernheit" verloren.
Dagegen weichte man in Neapel die Ränder des kristallinen Grießkorns zuerst mit kochendem Wasser auf. Der sanfte Druck der Füße (Abb. 16) und die ziemlich energische, aber immer konzentrierte Arbeit der Stange beseitigten langsam die kleinen Hohlräume zwischen den Körnern.
Noch mal reichlich und sehr heißes Wasser war nötig, um die Arbeit der Enzyme im Grieß und im Keim zu fördern. Solche Enzyme hatten die Funktion, den Maccheroni ihren Geschmack zu geben und gleichzeitig die Stärke aufzuschließen. Einerseits vereinfachte das die Teigbereitung, weil dabei die Ränder der Grießkörner aufgeweicht wurden. Andererseits brachte das aber auch das Risiko mit sich, die Widerstandskraft der Maccheroni herabzusetzen, sobald sie gekocht waren. Man benötigte deshalb einen Weizen, der reich an den Eiweißarten war, die während des Kochvorgangs die Ausflockung förderten. In dem Hartweizen aus Taganrog waren sie bis zu 19 % enthalten.
Auch mußte man darauf achten, den Teig immer recht flüssig zu halten, um ihn so verhältnismäßig schnell pressen zu können. Dadurch verhinderte man die Bildung von Säure im Teig. Schwierig war es allerdings, einen solchen Teig zu trocknen. Aber die schlauen neapolitanischen „pastai" waren in der Lage, auch dieses Problem zu meistern. Sie nutzten ganz einfach Sonne und Schatten abwechselnd aus, in dem sie die Nudeln über Stangen im Freien aufhingen (Abb. 17). Sobald sich Wolken vor die Sonne geschoben hatten, wurde diese Gefahr durch Glöckchenklingeln angezeigt, und bei dem ersten Regentropfen wurden die Maccheroni von bereitstehenden Arbeitern nach drinnen geholt.
Doch nicht Neapel, sondern die kleinen Städte GRAGNANO, AMALFI und vor allem TORRE ANNUNZIATA waren lange Zeit die eigentlichen Zentren der „neapolitanischen" Pastaproduktion.
Torre Annunziata lebte von der Pastaindustrie (Abb. 18). Der Weizen kam auch hier per Schiff aus Rußland an. Anfang des 20. Jahrhunderts waren es dreihundert Hafenarbeiter, Sackträger, Verpacker, Ruderer, Träger für schweres Gewicht und Kontrolleure, die alle damit beschäftigt waren, den Weizen an Land zu bringen. Zwischen 1904 und 1914, der goldenen Zeit der Pastaproduktion in Torre Annunziata, machten allein fünfhundert Müller in vierzehn großen Dampfmühlen aus dem Weizen Grieß. Achthundert „pastai" in vierhundertfünfzig „pastifici" (Teigwarenfabriken) verwandelten diesen Grieß dann in Pasta. Zweihundert Mechaniker, Heizer und Schreiner bedienten und reparierten die Maschinen, ebenso viele „carbonai" (Köhler) versorgten die Maschinen mit Brennstoffen, dreihundert Männer kümmerten sich um den Transport. Weitere hundert waren für die Lieferungen der Pasta nach Neapel zuständig. Fünfzig Träger luden die Waren auf die Züge und gehörten zur Bahnhofsmannschaft der fünfzig „lanzaioli" (lanze = Boot). Sie brachten mit ihren kleinen Booten eine Menge von Pasta weg. Hinzu kamen die schon erwähnten Hafenarbeiter, die den Weizen anlieferten und das fertige Produkt auf die großen Schiffe verluden, die ihre Fracht vor allem nach Amerika brachten.

Es waren somit dreitausend Personen und mit ihren Familien mehr als zehntausend, die in Torre Annunziata von der Pastaproduktion lebten. Sie teilten sich in mehr als zwanzig verschiedene Gruppen von Arbeitern auf, die so voneinander abhängig waren, daß der Ausfall einer einzigen die Arbeit aller anderen zum Erliegen brachte.
Auf alten Abbildungen ist zu sehen (Abb. 19/20/21), wie man im 19. Jahrhundert den Teig für die Maccheroni mit einer langen, hölzernen Stange geknetet hat. Sie war in der Mitte des großen Teigbehälters festgemacht und durch das Gewicht der Arbeiter beschwert.
Es gab kein besseres Arbeitsmittel. Durch wiederholtes Aufstehen und Hinsetzen drückten die Arbeiter – von ihrem Gesang rhythmisch begleitet – die Stange auf die vorher mit den Füßen bearbeitete weiche Knetmasse; und so entstand der in sich homogene Pastateig. Damit aus diesem Teig Maccheroni wurden, preßte man ihn anschließend durch eine gelöcherte Kupferscheibe. Bis auf diese Scheibe und die Innenseite des Teigbehälters waren alle Geräteteile aus Holz.
Ein anderes Foto aus Torre Annunziata zeigt uns die weiterentwickelte Version eines Arbeitsprozesses der „Pasta fini (corte)", wie er seit Anfang des 19. Jahrhunderts üblich war (Abb. 22). Die Presse hat eine horizontale Achse anstatt der üblichen vertikalen. Eine horizontale Schraube drückt mit einem Kolbenende auf den Teig. An ihrem gegenüberliegenden Ende ist ein großes Rad befestigt, auf dessen Speichen kleine Kinder klettern. Das Rad setzt sich langsam in Bewegung und treibt die Schraube mit ihrem Kolben, der so automatisch auf den Teig drückt. Die Nudeln fallen aus einer vertikalen Scheibe, sehr dünn und kurz geschnitten durch ein Messer, das in der Mitte befestigt ist, direkt in einen Korb.
Bilder, wie diese, erzählen von den Anfängen einer industriell-maschinellen Pastaproduktion, die sich im Verlauf unseres Jahrhunderts radikal gewandelt hat. Die Arbeit mit den Händen und Füßen ist Vergangenheit, wo es darum geht, mit neuesten Maschinen auch diese Produktion zu rationalisieren. In einem Raum des Museums in Pontedassio ist versucht worden, diesen Wandel ein wenig zu illustrieren.

SPAGHETTI MACHEN FRIEDLICH

Marinettis Schlacht gegen die Pasta

Aus dem Neapel gewidmeten Raum, in dem auch die schönsten Beispiele der frühen Reisesouvenirs ausgestellt sind, führt eine Tür auf eine Terrasse. Von ihr aus gelange ich in den letzten der Räume.
Auch hier ist etwas von der Zeit, in der das Museum gegründet wurde, zu spüren. Es liegt nicht an der besonderen Art der Präsentation. Was mich in die fünfziger Jahre zurückversetzt, ist eine an Stellwänden aufgehängte Serie von Fotos spaghettiessender populärer Schauspieler, wie Totò, Aldo Fabrizi oder Sophia Loren. Das Foto der Loren wurden 1955 aufgenommen und zeigt sie als „amerikanische Spaghettikönigin". Ob man auch für sie dieses so beliebte neapolitanische Gericht nicht mehr für standesgemäß hielt, nachdem sie zur Königin gewählt worden war? Dem armen Pulcinella war es ja so ergangen.
Alle Fotos in diesem Raum sind in den fünfziger Jahren entstanden, ebenso die Plakate, die an den Wänden angebracht sind.
Das sonderbarste Dokument ist eine große Zeitungsseite. Auf ihr ist unter anderem ein elegant gekleideter und schon etwas älterer Herr abgebildet, der in einer herrschaftlichen Küche einer Köchin Anweisungen gibt. Es ist Filippo Tommaso Marinetti, jener futuristische italienische Schriftsteller, der mit anderen italienischen Künstlern, wie Carrà und Boccioni, am 20. Februar 1909 in Paris im FIGARO das erste futuristische Manifesto veröffentlichte.
Die Verbindung zwischen Futurismus und Spaghettimuseum schafft im Falle Marinettis dessen Begeisterung für den Krieg. Er war ein Gefolgsmann und Freund Mussolinis und als Futurist begeistert von der ästhetischen Faszination der Technik des Krieges. So nahm er selbstverständlich an Italiens kolonialem Angriffskrieg gegen Äthiopien teil. In einem Manifest zu diesem Krieg schrieb Marinetti damals:

„Seit siebenundzwanzig Jahren erheben wir Futuristen uns dagegen, daß der Krieg als antiästhetisch bezeichnet wird. (. . .) Der Krieg ist schön, weil er dank der Gasmasken, der schreckenserregenden Megaphone, der Flammenwerfer und der kleinen Tanks die Herrschaft des Menschen über die unterjochte Maschine begründet."

Während und schon vor diesem Vernichtungsfeldzug gegen das äthiopische Volk hatten die Faschisten in Italien sich propagandistisch gegen das „übermäßige" Essen gewandt.

„Wenn Du viel ißt, beraubst Du das Vaterland (Se Tu Mangi Troppo Derubi La Patria)"

war auf Plakaten zu lesen, auf denen ein strenger Militär einen vor einem üppig gedeckten Tisch sitzenden Zivilisten gebieterisch auf die Schulter klopfend ermahnt (Abb. 23).
Diese Propaganda nimmt Marinetti mit seinem Manifest „La Cucina Italiana", das auf der im Museum gezeigten Zeitung vom 15. Januar 1931 datiert, vorweg. Das Hauptangriffsziel ist darin der Spaghettikonsum seiner Lands-

leute. Mit Blick auf die „fleischessenden Deutschen" behauptet Marinetti, daß Völker, die Pasta und andere Getreide essen, pazifistisch sind, jene hingegen, die Fleisch essen, Krieger.

„I popoli che mangiano pasta e altri cereali sono pacifici, quelli che mangiano carne sono guerrieri".

Marinettis Begeisterung für den Krieg wird in dem Manifest von der Vorstellung des schwächlichen, kriegsuntüchtigen, durch allzuviel Pasta rundlich gewordenen Italiener begleitet. So pervers wie diese Leidenschaft für den Krieg, so absurd ist auch die Vorstellung Marinettis.
Dennoch hat diese Polemik gegen die Pasta Ende der 20er Jahre, die bis dahin unangefochtene Bedeutung der Spaghetti und Maccheroni, in Italien einigen Staub aufgewirbelt. Die Auseinandersetzungen waren zum Tagesgespräch geworden, immer wieder aufgeheizt durch neue publizistische Angriffe in Presse und Rundfunk.
Marinetti wollte eine grundlegende Erneuerung des italienischen Ernährungssystems, um der italienischen Rasse „neue heroische und dynamische Kräfte" einzuflößen. Im Radio prophezeite er seinen Hörern:

„Die futuristische Küche wird von der alten Besessenheit durch Volumen und Gewicht befreit sein; einer ihrer Grundsätze wird die Abschaffung der Pasta asciutta sein. Die Pasta asciutta, so angenehm sie auch für den Gaumen sein mag, ist ein passatistisches (überholtes) Gericht, weil sie schwer macht, vertiert, über ihren Nährwert täuscht, weil sie skeptisch, langsam, pessimistisch stimmt. Der Patriot bevorzugt statt dessen den Reis."

Nach dieser Ansprache sei am nächsten Tag in allen Tageszeitungen die heftigste Polemik explodiert,

„an der sich alle sozialen Schichten beteiligten, von den Damen bis zu den Köchen, Literaten, Astronomen, Ärzten, von den Straßenjungen, Ammen, Soldaten, Bauern bis zu den Hafenarbeitern. Wo immer in Italien in einem Restaurant, einer Weinstube oder im Haushalt die Pasta asciutta serviert wurde, gab es unmittelbare Verwicklungen durch endlose Diskussionen."

Schließlich erschien am 28. Dezember 1930 in der GAZETTA DEL POPOLO in Turin „Das Manifest der Futuristischen Küche" von Marinetti (Abb. 24). Unter anderem heißt es darin:

„Die Wollust des Gaumens bildet für Mann und Frau immer eine aufsteigende Linie vom Niederen zum Hohen des menschlichen Körpers. Wir hören außerdem, man müsse verhindern, daß Italiener kubisch, massig bleibeschwert werden, von undurchsichtiger und blinder Kompaktheit. Immer mehr Zustimmung findet dagegen die italienische Transparenz in Spiralen der Leidenschaft, der Zärtlichkeit, von Licht, Willen, Schwung, heroischer Zähigkeit. Laßt uns also die Agilität italienischer Körper vorbereiten, den leichtesten Zügen aus Aluminium angepaßt, die die gegenwärtigen schweren aus Eisen, Holz und Stahl ersetzen.

Wir sind überzeugt, daß in dem zu erwartenden künftigen Weltkrieg das agilste und sprungbereiteste Volk siegen wird; nachdem wir Futuristen die Weltliteratur mit den befreiten Worten und dem Simultanstil entschlackt, aus dem Theater durch alogische Überraschungssynthesen und Dramen mit leblosen Gegenständen die Langeweile vertrieben, die Plastik durch Antirealismus ins Ungeheure gesteigert, den geometrischen Glanz einer Architektur ohne dekoratives Beiwerk und schließlich die abstrakte Filmkunst und Fotografie geschaffen haben, setzen wir nun die Nahrung fest, die einem immer luftigeren und schnelleren Leben entspricht.
Vor allem halten wir für notwendig:
Die Abschaffung der Pasta asciutta, dieser absurden Religion der italienischen Gastronomie.
Vielleicht werden den Engländern Stockfisch, Roastbeef und Pudding nützen, den Holländern gekochtes Fleisch mit Käse, den Deutschen Sauerkraut, Räucherspeck und Schlackwurst; aber den Italienern nützt die Pasta asciutta nicht. Sie steht zum Beispiel im Gegensatz zum lebendigen Geist und zur leidenschaftlichen, großzügigen und einfühlsamen Seele der Neapolitaner. Sie sind, der voluminösen täglichen Pasta asciutta zum Trotz, heldenhafte Frontsoldaten, inspirierte Künstler, mitreißende Redner, scharfsinnige Advokaten, zähe Landwirte gewesen. Indem sie Pasta essen, entwickeln sie den typischen ironischen und sentimentalen Skeptizismus, der oft ihren Enthusiasmus beschneidet.
Ein intelligenter neapolitanischer Professor, Dr. Signorelli, schreibt: „Im Unterschied zu Brot und Reis ist die Pasta asciutta eine Nahrung, die man hinunterschlingt, aber nicht kaut. Diese stärkehaltige Nahrung wird zum großen Teil durch den Speichel im Mund verdaut, und Pankreas und Leber sind von der Verdauungsarbeit entbunden. Dies führt zu einem Ungleichgewicht mit Störungen dieser Organe. Davon leiten sich ab: Schlappheit, Pessimismus, nostalgische Untätigkeit und Neutralismus."

Unbeeindruckt von diesen damaligen futuristischen Erneuerungsversuchen der italienischen Küche haben amerikanische Wissenschaftler auf einem Fachkongreß über Herz- und Gefäßkrankheiten vor einigen Jahren in Florenz die Ergebnisse eines Langzeitversuchs mit den Worten zusammengefaßt:

„Mit der Revolutionierung der Ernährung, mit einer radikalen Umstellung von amerikanischen auf italienische Eßsitten, konnten wir in unserem Versuchsbereich die Herzinfarktsterblichkeit in den letzten fünf Jahren um 20 % senken".

Man muß sich jedoch darüber im klaren sein, daß die italienische Eßsitte mit Vor-, Haupt- und Nachspeise sowie reichlich Brot zu den Mahlzeiten damit nicht gemeint sein kann. Die Rede ist vielmehr von der „Pasta secca", wie man sie seit gut zweihundert Jahren in Italien fabrikmäßig herstellt. Diese in der Regel röhrenförmige „Pasta napoletana" (Maccheroni) aß man hauptsächlich mit Parmesankäse und später auch mit dem aus frischen Tomaten hergestellten „roten Sugo". Heines „Sonnenstrahlen", die sich in „lauter gelbe Butterströme" verwandeln, kannte man damals in Neapel ja nicht. Bleibt es bei einem Teller Spaghetti mit Tomatensoße (auch Thunfisch und Erbsen oder alle zu einer Soße verarbeiteten Arten von Gemüse), so braucht man vor dem

Dickwerden keine Angst zu haben. Das kann sich natürlich rasch ändern durch die Zugabe von Eiern, Butter, fettem Speck oder Rahm, also tierischen Fetten, mit denen man den Geschmack der Nudeln so sehr verbessern kann, wie wir wissen.
Das einzige Spaghettimuseum Italiens und sicherlich auch Europas, in dem ich mich jetzt über drei Stunden aufgehalten habe und dabei viel über die Geschichte der Pasta gesehen, aber auch gehört habe, ist ein kleines Museum. Dabei hat mich am meisten fasziniert, wie eng es gerade an diesem Ort mit der Geschichte verbunden ist, über die es berichtet. Die Ausstellungsräume und das ganze Haus, in dem sich das Museum befindet, sind so authentisch, wie kein noch so gut entworfener Museumsbau sein kann. Dort, in Pontedassio, werden selbst die Details, an denen man sonst vielleicht vorübergehen würde, wichtig. Die Geschichte wird hier nicht nur ausgestellt, sondern auch spürbar aufbewahrt.

Um das „Museo storico degli spaghetti" zu besichtigen, meldet man sich unter folgender Nummer an:

Agnesi Pastafabrik in Oneglia

– von Deutschland
0039–183–21651

– von Italien
0183–21651

1

Ein Pasta-Verkäufer, der allmorgendlich
seine Nudeln abstaubt? Es sind verschiedene Nudelsorten zu sehen,
sogar mit den Preisen

2

3

Der große und der kleine
Pulcinella, ein Bild von Cammarano, 1851–1920 (Abb. 2).
Küchenszene: Zubereitung des Teiges, Sammlung
Bertarelli, Mailand (Abb. 3)

4

5

„Neapolitans eating macaroni",
Neapolitaner essen Maccheroni, Lithografie von Buonaiuti,
London 1805 (Abb. 4).
Die *gramola a mola* ist eine Maschine, mit der Teig
bearbeitet wurde und die noch bis zum Ende dieses Jahrhunderts bei
den Agnesis in Betrieb war (Abb. 5)

6

BB. SOL. I DIECI
CARTA BOLLATA DELL' ECCELLENTIS. CAMERA
17 41

1.

1574:

MDLXXIIII

XXVIII

Maij in vesperis in Camera solite audientie

Mag.ci D. Georgius Doria q.m D. Melchionis, Franciscus Co:
:mellinus q.m D. Luce, et Vincentius de Furnariis q.m Joannis
Mathei surrogatus loco N. D. Jacobi Vercaris q.m D. Pelegri.
Carolantis Patres Excelsi Communis Januae delegati ab
Ill.ma Dominatione super supp.ne et requisitis per Antonium
Macinum et Andream Solimanum suo nomine ac nomine
ceterorum Pastilatorum, seu ut dicitur Fidelariorum, virtute
decreti conditi die 3: Februarii anni presentis recepti per N.
Leonardum Comellinum Cancellarium, tenor cuius, ac dictorum
supp.onum, sequitur, et est talis ~.

Ecc.mo ed Ill.mi Sig.ri Osservandi.mi

Si espone per parte di Antonio Macino et Andrea So:
:limano à nome come di tutta l'arte de Fidelari qualmente,
desiderando regolare la detta arte, et provedere à molte cose
che sono non solamente in danno loro ma anche dell Università
et perciò hanno fra essi deliberato per ben publico et mante:
:nimento di detta arte far diverse ordinationi, et capitoli, quando
però sia di volontà e beneplacito di VV.SS. Ill.me, le quali hum:
:namente le pregano siano servite comprovarle ovvero comm:
:mettere alli Sig.ri Padri del Commune, con possanza di poter fare
e dichiarar sopra le cose predette, secondo meglio gli occorrerà
et come così sperano da VV.SS. Ill.me ottener in buona gratia,
delle quali umilmente si raccomandano ~.

7

Blick von der Dachterrasse des
Museums auf den alten Teil des Dorfes Pontedassio (Abb. 6)
Statut der „Arte dei Fidelari“ von 1574 (Abb. 7)

8

9

Die beiden Pfeiler im Etruskischen Grab in Cerveteri,
4. Jahrhundert v. Chr. Auf dem Relief des rechten Pfeilers erkennt
man das Nudelbrett mit dem Mehlbeutelchen (Abb. 8).
Das Arbeitszimmer des Paolo Battista Agnesi
im Museum (Abb. 9)

10

11

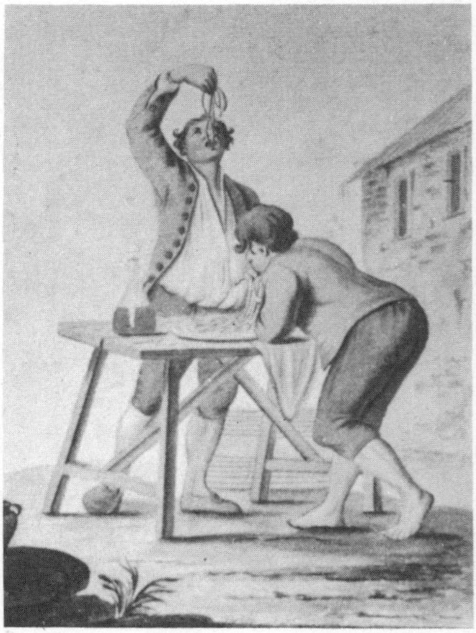

12

Revolution und Landwirtschaft (Abb. 10).
„Mangiafoglia“, Neapolitaner ißt Broccoli (Abb. 11)
Neapolitaner essen in der gewohnten Weise
Maccheroni (Abb. 12)

13

Docking the macaroni, Karikatur aus einer englischen Zeitschrift, dem *Scots Magazine*

14

15

Bottega da maccheronaro, ein Maccheroni-Laden, in dem die Nudeln gekocht und gleich verkauft werden. Ein Druck aus dem späten 18. Jahrhundert, als Goethe sich in Neapel aufhielt (Abb. 14).
Das Innere einer Hütte, vielleicht der Lazzaroni. Eine Lithografie von Dura (Abb. 15)

16

17

In einem Kasten wird der Teig
für Maccheroni mit den Füßen bearbeitet (Abb. 16)
Maccheroni hängen auf der Leine zum Trocknen,
Torre Annunziata, Ende des 19. Jahrhunderts (Abb. 17)

18

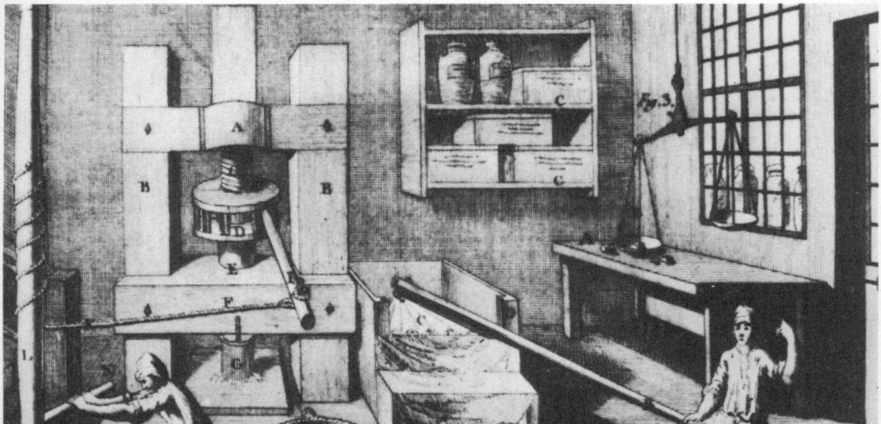

19

Torre Annunziata um 1905 (Abb. 18).
Die Herstellung der Pasta, aus einem Traktat von M. Malouin, Paris 1767.
Knetvorgang mit der Stange und die Gewindepresse, aus der
unten die Nudeln (G) fallen (Abb. 19)

20

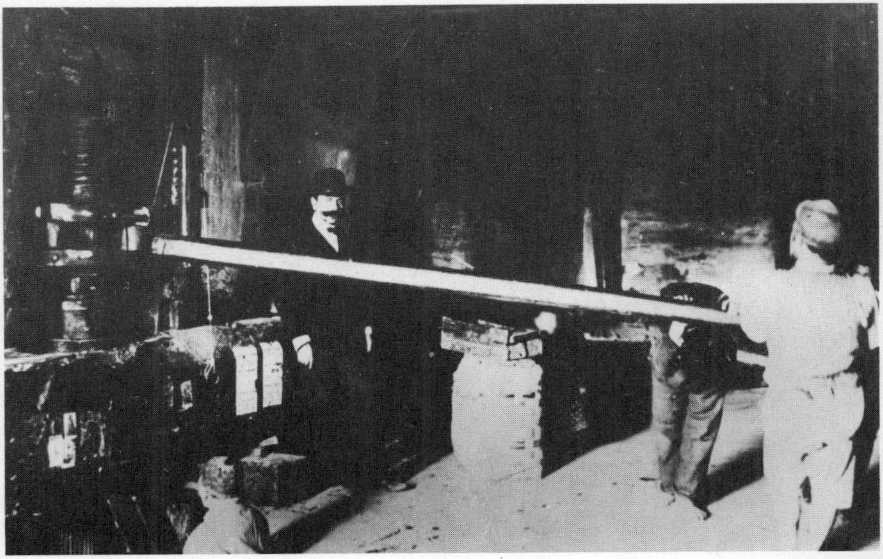

21

Diese Lithografie zeigt, daß 8 Männer und auch
Kinder mit der Pastaherstellung beschäftigt waren (Abb. 20).
Maccheronipresse, Anfang des 19. Jahrhunderts
in Neapel (Abb. 21)

22

23

24

Dieses Foto wurde Ende des 19. Jh. in Neapel aufgenommen. Im Hintergrund sieht man einen Mann und zwei kleine Kinder in einem Laufrad. Sie schaffen „die Energie“ für den Arbeitsvorgang. Ein Arbeiter dreht eine Kurbel mit einem Messer, das die Pasta „kurz“ schneidet, bevor sie in den Korb fällt (Abb. 22).
„Wenn du viel ißt, beraubst du das Vaterland“ (Abb. 23).
Futuristische Küche, *Santopalato,* Fotomontage von N. Diulgheroff, 1931 (Abb. 24)

25

Il Tavernaio, Lithografie, nach einer Zeichnung von Duclère, 1816–1869

26

27

Maccheroni-Verkäufer auf Neapels Straßen (Abb. 26).
Mutter mit kleinem Kind, das mit Maccheroni gefüttert wird (Abb. 27)

28

29

Ligurischer Mönch, ein Gemälde von G. B. Torriglia, Genua 1857–1937, mit dem Titel *L'aquolina in bocca,* das Wasser läuft im Mund zusammen (Abb. 28)
Maccheroni-Verkäufer in Neapel, Ende des 19. Jahrhunderts (Foto: Alinari) (Abb. 29)

30

Kinder essen Maccheroni vor ihren Häusern in Armenvierteln Neapels

PASTA
IN ITALIEN

ABISSINI	Längsmuschel-Teigwaren
„con cime di rapa“	Mit Rübensprossen, Sardellenfilet, Knoblauch, Olivenöl
ACINI DI PEPE	Kleine, runde Nudeln (Pfefferkörnchen) für die Suppe
AMORINI	Kleine Nudeln
AGNOLINI Lombardei	Kleine Ravioli
Spezialität in Mantua	Füllung aus Kapaunfleisch (Masthahn)
„alla mantovana“	Für die Füllung: mageres Rindfleisch, *salamella* (kurze, weiche Schweinswurst), *pancetta* (luftgetrockneter Bauchspeck), Butter, Olivenöl, Weißwein, Knoblauch, Zwiebeln, Rosmarin, Gewürze, *Parmesan*
AGNOLETTI / AGNOLOTTI Piemont „ripieni di carne“	Kleine/große gefüllte „Teigkissen“ mit einer Füllung aus verschiedenen Fleischsorten und grünem Gemüse (Spinat), Käse
„de selvaggina“	Mit Wildfleisch (Rebhuhn, Fasan, Hase)
„col tartufo“	Mit Schweinelende, Kalbfleisch, rohem Schinken, Butter, *Parmesan*, Weißwein, Trüffel. Wenn es sonst üblich ist, die Trüffel über die *Pasta* zu reiben, kommen sie in diesem Rezept in die Füllmasse
ANELLINI	Kleine Ringnudeln für die Suppe
ANELLI RIGATI	Kleine gezackte Ringe für die Suppe

ANOLINI Emilia-Romagna	Eine Art Teighütchen (ähnlich wie *cappelletti*)
Parma/Piacenza	Füllung aus geriebenem Brot und einer Soße von Schmorfleisch (stracotto)
„alla parmigiana“	Mageres Rindfleisch, *pancetta*, Butter, Zwiebel, Stangensellerie, Karotte, Tomatenmark, Brötchen, Fleischbrühe, Gewürze, viel *Parmesan*
„alla piacentina“	*stracotto* (Schmorfleisch) und die Soße, geriebenes Brot, *Parmesan*, Gewürze, Eier und Fleischbrühe, in der sie auch mit geriebenem *Parmesan* serviert werden
ARSELLE	Kleine Muschelnudeln
AVEMARIA Rom	Kurze Teigwaren, in Rom auch *cannolicchi* genannt
„con fagioli e biete“	Mit dicken Bohnen und kleinen Rübchen, eingelegten Sardellen, Olivenöl, Knoblauch, Rosmarin und Pfeffer Auch kleine Nudeln für die Suppe

B

BARBAGIUAI Ligurien	Ravioli Füllung aus Kürbisfleisch (*zucca*)
Ventimiglia	Die *ravioli* werden meist noch in Öl ausgebacken
BASSOTTI	Flache Nudeln

BAVETTE Ligurien „in salsa d'uovo con cipolle"	Eine Art (dicker) Spaghetti, etwas stärker als *bucatini*, mit einer Soße aus Eiern, Zwiebeln, Sardellenfilet, Käse (*Parmesan/pecorino*), *mozzarella* (Büffel- oder Kuhmilchkäse) und Butter
BIGOLI Venetien Venedig/Vicenza/Verona, auch in Mantua	Eine Art (dicker) Spaghetti, hergestellt mit einer Spezialhandpresse (*torchio/bigolare*)
„in salsa"	Soße aus weißen Zwiebeln, Olivenöl und gesalzenen Sardellen
„con l'anara" (con l'anatra)	Mit Entenfleisch Junges Entenfleisch, Enteneier, Butter, Öl, Gemüse, (Karotten, Stangensellerie), Salbei und *Parmesan*
„con molluschi" Venedig	Mit verschiedenen Muschelsorten, Olivenöl, Knoblauch, Petersilie und Basilikum
„col pòcio"	Mit einer Soße aus gehacktem Kalb- und Schweinefleisch, dazu Sellerie, Karotten, Zwiebeln und Knoblauch
BRINGOLI Val Tiberina	Hausgemachte Nudeln, ohne Eier, ähnlich wie *tagliolini*
San Sepolcro	Aus frischen Tomaten, Olivenöl, Knoblauch, Basilikum und Pfeffer eine Soße bei kurzer Kochzeit herstellen
BRUDISIGLI Abruzzen	Hausgemachte Nudeln, *maccheroni alla chitarra*

„zuppa con la pasta"	Suppe mit Nudeln Die *maccheroni alla chitarra* werden gekocht und dann in einem *soffritto* (feingeschnittene Zwiebeln, Knoblauch, Öl, Suppengemüse) geschwenkt und sofort mit *pecorino* serviert Man gab früher diese Suppe schwangeren Frauen, damit sie ausreichend Milch hatten
BUCATINI Latium	Eine Art (dicker) Spaghetti, auch Röhrchennudeln genannt
„con cozze e vongole"	Mit einer Soße aus gehackter Petersilie, Mies- und Venusmuscheln
„con le alici"	Mit Sardellen (frisch), Tomaten, altbackenem Brot, Olivenöl, Knoblauch, Petersilie, Pfeffer und etwas Mehl
„con la salsa di cipolle"	Mit Zwiebelsoße Dicke Zwiebeln werden sehr fein geschnitten, in Butter und Olivenöl angebraten und darin langsam geköchelt. Mit Pfeffer und *Parmesan* bestreuen
„con arrosto e scamorza"	Mit Braten und *scamorza*-Käse. Bratenfleisch vom Kalb oder vom Rind (übriggebliebene Stücke) und den Käse in Würfel schneiden Ein *soffritto*, dem grüne Oliven, Basilikum und Oregano sowie Tomaten (frisch) zugefügt werden, kurz aufkochen und mit der *Pasta* in eine Auflaufform füllen. Obenauf geriebenen Käse und Butterflöckchen und im Ofen überbacken

CAICC Lombardei Breno	Riesen-Ravioli Füllung aus gedünstetem Fleisch und *Parmesan* Mit zerlassener Butter und geriebenem Käse anrichten
CAMPAGNOLE Ligurien	Die „bäuerliche" Nudel ist kurz und röhrenförmig
„al pomodoro con basilico"	Mit Tomatensugo und Basilikum
CANDELE	Dicke „Kerzen"-Nudeln
„con ragù alla napoletana"	Mit einem Fleisch-Tomatenragout
CANESTRINI	Kleine, am Rand gezackte Nudeln für die Suppe
„col ragù di tonno"	Frischer Thunfisch, Tomaten, Schalotten, Knoblauch, Olivenöl, Weißwein, Minzblätter
CANNELLONI	Große Röhrennudeln
„con ricotta e salsiccia"	Füllung aus *ricotta* (Frischkäse aus Schaf-, Kuh- oder Ziegenmilch) und Wurst
„all'etrusca"	Mit Pilzen, gekochtem Schinken, Gruyèrekäse, Eigelb, Butter, Mehl (Béchamelsoße)
„con carne di maiale alla provenzale"	Mit Schweinehackfleisch, Petersilie, Zwiebel und Béchamelsoße, dazu Kräuter und etwas *marsala*
CANNOLICCHI	Kurze Teigwaren, römische Bezeichnung für *avemaria*

„al basilico“	Mit einer Soße aus Petersilie, Knoblauch, fettem Schinkenspeck, Tomaten und viel Basilikum
„con fagioli freschi“	Mit frischen Bohnen, Tomaten, Knoblauch, Speck, Olivenöl und frischen Kräutern
CAPELLI D'ANGELO oder CAPELLINI	„Engelshaare“ Ganz dünne Spaghetti
CAPELVENERE	Dünne Fadennudeln für die Suppe
CAPPELLACCI	Der große Bruder der *cappelletti*
„di castagne“	Mit Eßkastanien Für die Füllung: Kastanienpüree, Schweinswürstchen, *Parmesan* und Eier Zum Anrichten: Würstchen, Tomaten, *Parmesan* und etwas Öl
CAPPELLETTI Emilia-Romagna Parma/Bologna/Ravenna Reggio Emilia	Teighütchen (ähnlich wie *anolini*) sehen aus wie kleine „Carabinierihüte“ Füllung aus Fleischfarce und Käse
„Brodo con Cappelletti di Mirandola“ Modena	Schweinefett, geriebenes Brot, *Parmesan*, Muskatnuß, Eier für die Füllung und eine gute Fleischbrühe, in der die *cappelletti* gekocht und angerichtet werden. Eine Spezialität, die in Modena beim Weihnachtsessen nicht fehlen darf

CAPPELLETTI TOSCANI Arezzo	In der Toskana auch *tortelli* genannt. Der Unterschied zu denen in der Emilia-Romagna besteht in der Zubereitung des *Pasta*-Teiges, der mit weniger Eiern bereitet wird. Oftmals ist auch die Füllung mit weniger Schweinefleisch hergestellt, d. h. weniger fett und daher besser bekömmlich Für die Füllung: Kalbfleisch und Bries, Hühnerfleisch, Suppengemüse, Eier, *Parmesan*, Gewürze, eingeweichtes Brot, *vinsanto* (Dessertwein). Angerichtet werden sie in einer Fleischbrühe oder mit Tomatensugo
CAPPELLETTI IN BRODO Marken Pesaro	Teighütchen in Fleischbrühe
„alla pesarese“	Füllung aus Rindermark, Schweinebraten, auch Kapaun- oder Putenfleisch, Eiern, Pfeffer, Muskatnuß, etwas geriebener Zitronenschale und *Parmesan*
CAPPELLETTI DI GUBBIO Umbrien	Teighütchen aus Gubbio Mit einer Fleischfarce aus mageren Fleischsorten (Kalb, Truthahn, wenig Schwein), Hirn, Schinken, Nelkenpulver, Zimt, Muskatnuß, Eier, Käse für die Füllung In der Fleischbrühe servieren oder mit einer Sahnesoße anrichten
CAPPELLONI Lombardei	Große Nudeltaschen Füllung aus geschmortem Fleisch und Schweinswurst. Mit *sugo* oder mit zerlassener Butter anrichten
CASERECCIA	Hausgemachte Teigwaren, wie *tagliatelle*, mit einer Drehung an den Enden
CASONZIEI Belluno	Große Ravioli Füllung aus Kürbis oder Spinat, gekochtem Schinken, Zimt und mit viel *ricotta* (geräuchert)

CASÔNSEI (CALZONCINI O CASSONCINI) Bergamo/Brescia	Große Ravioli In Bergamo besteht die Füllung aus einer Rindfleischfarce und in Brescia (Val Camonica) aus Schweinefleisch (Schweinswürste)
„bergamaschi“	Füllung aus magerem Rindfleisch, Butter, Knoblauch, Petersilie, altbackenem Brot (gerieben), *Parmesan*, Muskatnuß, Salbei und etwas Milch
„bresciani“	Für die Füllung: Kartoffelbrei, frische Kräuter, geriebenes Brot, *Parmesan*, frische Schweinswurst, Speck, Lauch, Petersilie, auch *mortadella* (Spezialität aus Bologna, im Durchmesser größte Wurstsorte aus Schweinefleisch, Gewürzen, Pistazien, Knoblauch und ganzen Pfefferkörnern)
CASUNZIEI Cortina d'Ampezzo	Große Ravioli, entfernt verwandt mit denen aus Brescia
„ampezzani“	Füllung aus roten und weißen Rübchen, *ricotta*; oder Rübenblättern, *pecorino*, *ricotta*, geriebenem Brot, Eiern, *Parmesan*. Mit reichlich zerlassener Butter, Pfeffer und Mohnsamen anrichten
CAVATAPPI	Gewellte Nudeln in Spiralenform
„al pesto“	Mit einer Soße aus Olivenöl, Pinienkernen, Basilikum, *Parmesan* und *pecorino*
CAVATIEDDI Sizilien	Sizilianische Spätzle Tomatensoße, Öl, Basilikum, *pecorino*
CAVATIELLI Apulien	Eine Art *gnocchetti*, auch Spätzle, die man in Apulien mit *ricotta tosta* (gesalzener Hartkäse, ähnlich wie *pecorino*) ißt
„con ricotta tosta“	Tomatensugo, Olivenöl und viel *ricotta tosta*

„con la rucola“ | Tomatensugo, *rucola* (ein sehr aromatischer Salat mit leicht bitterem Geschmack, der auf dem Markt von Venedig/Rialto oft gemischt mit anderen kleinblättrigen Salaten angeboten wird)
Olivenöl, *pecorino* oder *ricotta tosta.* Mir schmeckt der *rucola* so sehr, daß ich ihn ausschließlich roh verwende, auch bei Nudelspeisen. Die meisten Italiener kochen ihn jedoch vorher ab

CHIANCARELLE
Apulien
Foggia

Hausgemachte Nudeln, ähnlich den *orecchiette*, die ebenfalls in Apulien hergestellt werden

„con le cime di rapa“

Die Nudeln werden zusammen mit den Rübensprossen gekocht. Kurz vor dem Essen mit in Öl angebratenen Sardellen, Knoblauch, *peperoncini* vermengen

CHIFFERINI RIGATI

Kleine Nudeln für die Suppe

CHINESINI

Kleine Nudeln für die Suppe

CIALZONS
Friaul

Runde Teigtäschchen

„friulana“

Für die Füllung: Kartoffelpüree, Butter, Zucker, Eier, Zwiebeln, Petersilie, Minzblätter, Cognac, Zimt, Fleischbrühe, Gewürze
Zum Anrichten zerlassene Butter, *Parmesan* und Pfeffer über die Nudeln geben oder in einer Fleischbrühe servieren

CICERI E TRII

Kichererbsen und Nudeln
trii bedeutet im Sizilianischen dünne, trockene *pasta* mit Loch und kommt von dem arabischen Wort *itrya*

„alla salentina“

Lange dünne Nudeln (*vermicelli* oder *laganelle*), Kichererbsen, Tomaten, Knoblauch, Selleriestange, Petersilie, Lorbeerblatt und Olivenöl

CIRIOLE Umbrien Perugia/Orvieto	Nudeln, so breit wie *fettucce*, aber nicht so lang. Sie werden locker auf eine Stricknadel gedreht
„alla carbonara“	Mit Schinkenspeck (*pancetta*), Eiern, Pfeffer, *Parmesan* und *pecorino*
Terni „all’aglio“	In Terni bevorzugt man die *ciriole* mit einer Knoblauchsoße und viel Käse
CIUFULETTI Latium Rom	Sabinischer Name für dünne Nudeln. Heute nennt man diese Teigwaren *fusilli.* 10 cm lange dünne Nudelfäden werden auf ein Holzstäbchen gewikkelt
„al ragù“	Mit Hammelfleischragout und *pecorino*
CONCHIGLIE	Muschelschalen
„con pecorino e menta“	Mit frischem *pecorino*, kaltgepreßtem Olivenöl und frischen Minzblättern
CONCHIGLIETTE	Kleine Muschelnudeln für die Suppe
CONCHIGLIONI	Große Muschelnudeln
„con polpettine“	Mit Fleischbällchen Rinderhack, Butter, Brötchen, Ei, Sahne, Milch, Salbei, Pfeffer und *Parmesan.*
CORALLINI	Kleine Korallennudeln für die Suppe
CORZETTI LIGURI Ligurien Val Polcevera	Hausgemachte Teigwaren Kleine Bällchen, die durch Fingerdruck zu einer „gefüllten“ 8 geformt werden

„alla polceverasca“	Von Sampierdarena (Genua) zieht sich ein Tal (Val Polcevera) bis nach Pontedecino hinauf. In den Haushalten besonders dieser Gegend macht man heute noch die vorzüglichen *corzetti* mit einer Soße aus Walnüssen, frischem Majoran, Pinienkernen, Butter, Olivenöl, Pfeffer und *Parmesan*
CRAVATTINE	Kleine Krawattennudeln
„con le erbette“	Frische Kräuter aus dem Garten, Béchamelsoße, Milch, *mascarpone*, wenig Butter, Öl, *Parmesan*, Pfeffer, Muskatnuß
CROSSETTI Sizilien	Teigwaren, ähnlich wie *cannelloni*
„alla siciliana“	Mit Hackfleisch vom Rind, *Parmesan*, Butter, Olivenöl, Gewürzen und *peperoncino* (kleine, scharfe Pfefferschote)
CULINGIONES / CULLURZONES Sardinien	Ravioli
„con ragù alla sarda“	Frischer *pecorino*, Mangold, Butter, Öl, mageres Rindfleisch, Tomaten, Brühe, Safran, Knoblauch, Basilikum, Muskatnuß
CUNSIA Lombardei	Früher allgemeiner Begriff für *Pasta* in der Lombardei

DENTI D'ELEFANTE	Elefantenzahnnudeln
„con carciofi“	Mit einer Soße aus Artischocken
DITALI Ligurien	Schräg abgeschnittene, kurze Röhrennudeln
„con le olive“	Mit einem *sugo* aus Oliven (den kleinen aromatischen aus Ligurien), Tomaten, Knoblauch, Zwiebeln, gelber Paprika, Petersilie, Basilikum und Olivenöl
DITALINI / PICCOLI / RIGATI	Kleine Nudeln für die *minestrone* (dicke Gemüsesuppe)
ELICHE	Kurze Schraubennudeln
„con funghi“	Mit einer Soße aus frischen oder getrockneten Pilzen

FAGOTTINI Piemont/Langhe	Ravioli, kleines Bündelchen Für die Füllung: Fontinakäse, Eier, Butter, Mehl, Milch, Knoblauch und *Parmesan.* Da es im Piemont weiße Trüffel gibt, findet man oft das Gericht damit verfeinert
FARFALLE	Schmetterlingsnudeln
„al pomodoro e tonno“	Mit Tomatensoße und Thunfisch, Knoblauch, Basilikum, Thymian und Olivenöl
FARFALLINE	Kleine Schmetterlingsnudeln für die Suppe
FETTUCCE / FETTUCCINE	Breite Bandnudeln
„alla romana“	Rindfleischbrühe, Hühnerragout, Hühnerleber, nach Belieben Pilze, Zwiebeln und *Parmesan*
„con mascarpone“	Mit *mascarpone* (auch *mascherpone*, Doppelrahmkäse), gekochtem Schinken, Eigelb, *Parmesan*
FIDELINI	Dünner als Spaghetti und dicker als *capellini*
„con mozzarella“	Mit *mozzarella* (Frischkäse aus Büffel- oder Kuhmilch), Butter, *Parmesan*, etwas Milch, Pfeffer
FILI D'ORO	Kleine „Goldfaden“-Nudeln für die Suppe
FIOCCHETTI	Schleifchennudeln
„con petto di pollo“	Mit einer Soße aus Hühnerbrust, Zunge, feinen Erbsen, Tomaten, Olivenöl, *mozzarella* und *Parmesan*

FIOR DI SAMBUCO	Sternchennudeln mit Loch für die Suppe
FUSILLI Kampanien/Basilikata Avellino/Salerno/Neapel	Kurze, gekräuselte Nudeln
„con ricotta all'avellinese“	Mit *ricotta*, einem Frischkäse aus Ziegen-, Kuh- oder Schafmilch, einer Fleischfarce, Zwiebeln, Kräutern und *Parmesan*
GARGANEL / GARGANELLI Emilia-Romagna	Teigwaren, die den *maccheroni al pettine* ähneln. Sie werden mit einem kammartigen Gerät fast ausschließlich nur noch in Haushalten hergestellt
„al prosciutto“	Mit gekochtem Schinken, *Parmesan*, Eiern, Butter und *panna* (Rahm)
GATTAFUIN Ligurien Lévanto	Ravioli „riesengroß“ Füllung aus Eiern, Kräutern aus der Levante, Käse, Pfeffer, Olivenöl. Die Ravioli können auch in Öl fritiert werden
GNOCCHI	Klößchen, die nicht regional einzuordnen sind. Sie werden teils aus Grieß, aus Kartoffeln, aber auch als Teigware hergestellt
„alla bava“	Klößchen aus Buchweizenmehl, *toma* (eine piemontesische Käsesorte), *mascarpone* (Doppelrahmkäse) und *Parmesan*
„all'assolana“	Klößchen aus Mehl, Eiern, Muskatnuß, geriebenem Käse und Pfeffer. Zum Anrichten zerlassene Butter, Salbei und *Parmesan*

GNOCCHETTI Venetien Cadore	Auch *pestarici* Klößchen aus Mehl und Eiern bereitet und in Milch gekocht Cadore ist eine Bergzone oberhalb von Belluno und entlang der Grenze zum Friaul
„di zucca"	Der Teig wird aus Mehl, Eiern, Kürbis und Gewürzen hergestellt. Für die Soße: Tomaten, Basilikum und *Parmesan*
GNOCCHETTI SARDI	Gnocchiähnliche Teigwaren
„ai finocchietti"	Mit einer Soße aus wildem Fenchel
GOMITI LISCI / RIGATI	Schneckennudeln
„con pomodoro"	Mit Tomatensoße
GRAMIGNA	Eine Makkaroniart, die klein und dünn und zu einem Ende hin leicht gebogen ist
„ai funghi"	Mit einer Soße aus frischen Pilzen
GUSSONI Emilia-Romagna Sarsina	Große, halbmondförmige Ravioli Die Füllung besteht aus verschiedenen Gemüsesorten. Mit *pancetta* wechselweise in eine Auflaufform gelegt kann man die Ravioli auch überbacken

J

JÁCCOLI Latium Rieti	Auch *maccheroni a fezze* Hausgemachte Nudeln, wie *maccheroni alla molinara*, mit einem Fleischsugo und viel *pecorino*

LAGANELLE E CECI LAMPE E TUONE auf neapolitanisch	Laganelle (laganum = lateinisch, laganon = griechisch) ist ein antikes Rezept. Mehl und Wasser verarbeiten und den Teig in schmale Streifen schneiden Mit Kichererbsen, Knoblauch, Öl, Speck, Oregano, *peperoncino*, Lorbeerblatt, Petersilie, Zwiebeln und Selleriestangen
LASAGNAS DE ISPOSUS Sardinien	Selbstgemachte Bandnudeln Mit einem Ragout aus Kalb- und Schweinefleisch, das über die Nudeln gegeben und mit *fresa*, einem frischen sardischen Kuhmilchkäse, belegt und überbacken wird. Mit *pecorino sardo* bestreut servieren
LASAGNE	Die breiteste Bandnudel mit gewelltem, gezacktem oder glattem Rand. Teigplatten für Aufläufe auf Fleisch- oder Gemüsebasis mit Béchamelsoße, Schinken, Zwiebeln, Pilzen, Käse, Kräutern, Tomaten. Nachdem alles schichtweise in eine Auflaufform gelegt worden ist, streut man obenauf *Parmesan* und schiebt sie zum Überbacken in den Ofen
„al sangue" Piemont	Mit Schweineblut Brei aus Butter, Zwiebeln, Schweineblut, Milch, Gewürzen
„ai semi di papavaro"	Mit Butter, Mohnsamen und Zucker eine Soße bereiten
„al fornel" Biella	Eine Soße aus Butter, Nüssen, geriebenen Äpfeln, Feigen, Sultaninen, Mohnsamen bereiten und abwechselnd mit den Nudeln in eine gebutterte Form schichten und überbacken
„sanremasca" San Remo	Mit einer Soße aus frischen Tomaten, Knoblauch, Zwiebeln, Öl, Steinpilzen, Kräutern und Salbeibutter, mit *Parmesan* überstreuen

„al pesto“	Mit der ligurischen Basilikumsoße Lasagne werden im allgemeinen überbacken, in Ligurien aber oft nur mit *pesto* übergossen und mit *Parmesan* überstreut
„imbottite“ Kampanien Neapel	Ißt man am Fastnachtsdonnerstag. *Cervellatine* (neapolitanische Würstchen), *mozzarella*, Fleischstückchen, *ricotta*, geriebener Käse und in Scheiben geschnittene, hartgekochte Eier in einer Auflaufform abwechselnd geschichtet und überbacken
LASAGNETTE	Teigwaren, die meist nicht breiter als 3 cm sind
„di Carnevale“	Ein traditionelles Karnevalgericht für den *giovedi grasso* in Neapel Mit *ricotta*, Schweinefleischbrühe und *Parmesan*
„al pâté di salmone“	Mit Lachsfilet, Sahne, Eigelb, geriebenem Brot und Pfeffer
LENTINE	Kleine Linsennudeln für die Suppe
LINGUINE	„Züngelchen“, etwas breiter als *bavette*
„col ragù di anguilla“ Apulien	Mit Aal, Olivenöl, Tomaten, Knoblauch, Basilikum, Petersilie und Pfeffer
„aglio, olio e acciughe“	Mit Knoblauch, Olivenöl, Sardellen und Petersilie
LUMACHE / LUMACONI	Teigwaren in Schneckenform
„olio e limone“	Mit frisch ausgepreßtem Zitronensaft und kaltgeschlagenem Olivenöl, Schalotten und Petersilie. Dieses Nudelgericht wird kalt gegessen

LUMACHELLE Marken Urbino	Suppe mit Schneckennudeln Sie besteht aus Weißkohl, Rüben, kleingehackter Hühnerleber, Salami und Käse
MACCARONES Sardinien	Makkaroni auf Sardinien
„cum arrescottu"	Mit sardischem Frischkäse und Safran
MACCARUNNI CIOCIARI Latium	Diese Nudelart unterscheidet sich von den herkömmlichen *maccheroni* dadurch, daß sie sehr dünn geschnitten sein muß. In der Gegend um Viterbo werden sie deshalb auch *fieno* (Heu) genannt. Mit einer Soße aus Hühnerklein und viel *pecorino*
MACCHERONI / RIGATI Kampanien	Kurze, röhrenförmige Nudeln, auch gerillt
„con melanzane"	Mit Auberginen, *mozzarella* *(bocconcini)*, Zwiebeln, Tomaten, Knoblauch, Basilikum und *pecorino*
„alla napoletana"	Mit einer Basilikum-Tomatensoße
MACCHERONI GENOVESI	Lange, röhrenförmige Nudeln, an den Enden spitz zugeschnitten wie ein Federkiel
„stufati"	Mit Tomaten, Zwiebeln, Butter, Mehl, Milch, *mozzarella*, gesalzener Zunge, Gruyèrekäse, *Parmesan*
„col sugo piccante"	Mit einer Soße aus magerem Rindfleisch, gesalzenen Sardellenfilets, Butter, Olivenöl, Zwiebeln, Fleischbrühe und *Parmesan*

MACCHERONI ALLA CEPPA
Abruzzen

Hausgemachte Nudeln
In den Abruzzen bereitet man die *maccheroni* auf drei verschiedene Arten. *Ceppa* ist eine Art Stricknadel aus Holz, auf die der Teig gerollt und nach deren Entfernen die röhrenförmige Nudel zurückbleibt
Für die Soße: Ragout aus Hühnerklein, Tomaten, kleinen Fleischklößchen und *pecorino*

MACCHERONI ALLA CHITARRA
Abruzzen

Chitarra ist ein noch gebräuchliches Küchengerät zur Nudelherstellung in den Abruzzen. Es ist ein Holzrahmen, auf dem dicht nebeneinander Drähte gespannt sind und auf die der Teig aufgelegt wird. Durch den Druck mit dem Nudelholz wird der Teig durch die Drähte gepreßt, und nach unten fallen die Nudeln *alla chitarra*. Die *maccheroni* aus den Abruzzen haben nichts mit den röhrenförmigen, industriell hergestellten Nudeln zu tun

MACCHERONI ALLA MOLINARA
Abruzzen

Hausgemachte Nudeln, wie man sie in der Gegend von Teramo (im Norden der Abruzzen) noch heute mit der Hand herstellt. Es bedarf einer großen Fingerfertigkeit, und die Nudeln gelingen nur, wenn man den Teig aus Hartweizengrieß und Wasser bereitet hat, also ohne Eier. Durch das geschickte Bearbeiten des Teiges erhält man einen Strang, der fünfzig Meter lang ist und aus nur einem einzigen Teigfaden besteht

„al sugo del paese“

Zu diesen Nudeln bereitet man eine Soße, die in den Bergdörfern und Städten der Abruzzen seit jeher üblich ist. Ragouts aus Schaf- oder Hammelfleisch sowie *peperoncino* fehlen dabei nie: *Guazzetto di ciavarre*.
Ciavàrre ist ein junges Schaf, das noch nicht geboren hat. Für das Ragout schneidet man Fleisch aus der Keule oder von der Schulter, brät es mit Knoblauch und Rosmarin in Olivenöl an. Mit Weißwein wird abgelöscht und mit Tomaten und *peperoncino* fertig geschmort

MACCHERONCINI / RIGATI

Kurze Makkaroni, auch gerillt

„alla cacciatora“	Mit Schinken, getrockneten Pilzen, Hähnchenleber, Zwiebeln, Knoblauch, Stangensellerie, Lorbeerblatt, *Parmesan*, *panna*, etwas Brandy, Olivenöl und grobem Pfeffer
„con i friarielli“ Neapel	Friarielli gibt es nur in Neapel. Sie sind den *cima di rape* (Rübensprossen) oder den *broccoletti* (Rübenkohl) ähnlich. Für die Soße verwendet man weiterhin *peperoncino*, Knoblauch, Olivenöl, *Parmesan*, *pecorino*
„con i carciofi a fungetiello“ Neapel	Mit Olivenöl, Artischocken, Zitronensaft, Knoblauch, schwarzen Oliven, Kapern, gesalzenen Sardellenfilets, Petersilie und Pfeffer
MALFATTI	„Schlechtgemachte“ Gnocchi Die Größe der *malfatti* ist von Region zu Region verschieden, nußgroß bis zu ovalen, handflächengroßen Teigstücken. Sie bestehen aus *ricotta* und Spinat, verbessert durch Eier, *Parmesan*, Muskatnuß, Zwiebeln und Pfeffer. Man ißt sie entweder mit zerlaufener Butter, mit Fleischsoße oder in einer Fleischbrühe
MALFATTINI	Unregelmäßig geformte, etwa reiskorngroße, hausgemachte Nudeln
„romagnoli“	Die Teigwaren werden in einer Fleischbrühe (Rindfleisch oder Perlhuhn) gekocht und mit *Parmesan*, Muskatnuß und Pfeffer angerichtet
MALLOREDDUS Sardinien	„Kleine Stiere“, hausgemachte, sardische *gnocchetti*, die im allgemeinen mit einem Fleischsugo gegessen werden
„al burro e pecorino“	Aber auch mit dem so hervorragenden sardischen *pecorino*, Butter, Safran, Muskatnuß und frisch gemahlenem Pfeffer

MALTAGLIATI	„Schlechtgeschnittene“ Nudeln, auch *penne* oder *pennoni*
„al guanciale“	Mit Backenspeck
MANDILLI DE SETA Ligurien	Nudelplatten, so groß wie ein kleines Seidentaschentuch
„al pesto“	Mit Basilikumsoße
„al sugo di funghi“	Mit einer Soße aus frischen Pilzen, Kräutern und Butter
MANFRICOLI Umbrien	Nudeln, die den *maccheroni* ähneln, auch *picchiettini*
„al tartufo“	Mit Trüffelsoße aus gehackten Trüffeln und Sardellenfilet
MARKEN	große rechteckige *ravioli*
„di San Leo“	Mit einer Füllung aus Mangold oder Spinat, frischen Gartenkräutern (auch Feldkräutern), geriebenem Käse, *ricotta*, Zimt, Zitronenschale und Muskatnuß Mit Fleischsoße anrichten und mit geriebenem *Parmesan* bestreuen
MARUBINI Lombardia Cremona	Ravioli Eine Füllung aus Rinderbraten, Kalbsrostbraten, Schweinerostbraten, Kalbshirn, geriebenem Brot, Muskatnuß, Fleischbrühe, Pfeffer und *Parmesan* Eine andere Füllung aus Rindermark, geriebenem Brot, Eiern, Käse, Petersilie und Gewürzen
MILLEFOGLIE	Hauchdünne Teigplatten in runder, ovaler oder eckiger Form, die abwechselnd mit einem *ragù* und Käse geschichtet werden und zum Überbacken ganz kurz in den Ofen kommen

NATALINI IN BRODO Ligurien Savona	Hausgemachte „Weihnachtsnudeln“ in der Suppe
„con le trippe“	Die Brühe wird aus Rindfleisch und Hühnerfleisch gemacht und die Teigwaren mit den Kutteln darin gekocht Eine festliche Variation: *luganega* (Schweinswürste, dünn und meterlang), Pinienkerne, Hühnerklein, zarte Kalbskutteln, eßbare Disteln, Butter, Olivenöl und *Parmesan*
OCCHI DI ERNICE	Kleine Rebhuhnaugennudeln für die Suppe
OCCHIOLINI	Kleine Augennudeln für die Suppe
ORECCHIETTE Apulien Gargano	Kleine, flache Ohrmuschelnudeln Eine apulische Spezialität, die dort auf Märkten und direkt von der „Herstellerin“ an den Hauseingängen verkauft wird
„con patate“ oder „recchie a ruchetta e patate“	Die selbstgemachten Nudeln werden mit kleingeschnittenen Kartoffeln, frischer Rauke, Tomatensoße, Pfeffer und *pecorino* vermischt
ORECCHIONI Emilia-Romagna	Große Ohrmuscheln Die Füllung besteht aus *ricotta*, grünem Gemüse (Spinat oder junger Mangold) und viel Petersilie

PACCHERI	Nudeln, die doppelt so groß sind wie *rigatoni*
„con muscari e salsiccia"	*Muscari* (wildwachsendes Knollengemüse, das einen charakteristischen, leicht bitteren Geschmack besitzt und das man in Apulien *lampasciuni* und in Kalabrien *cipuddini* nennt). Weitere Zutaten sind frische Schweinswürstchen, Zwiebeln, Rotwein, Olivenöl, Pfeffer, Petersilie und *pecorino*
PAGLIA E FIENO	„Stroh und Heu"; Teigwaren, die sehr dünn (tagliolini) sind und immer zweifarbig (Weiß/Grün) angerichtet werden
„con Gorgonzola e noci"	Mit *gorgonzola* (ital. Edelpilzkäse), Walnüssen, Sahne, Knoblauch, Pfeffer und *Parmesan*
„ai funghi"	Mit Steinpilzen, Butter, Olivenöl, Knoblauch, Petersilie, Pfeffer und *Parmesan*
PANSOTI Ligurien Genua – Richtung Riviera di Levante	Ravioli Diese Teigtaschen sind gefüllt mit vielen Kräutern, die man unter der Bezeichnung *preboggion* auf dem Markt findet
„al preboggion con salsa di noci"	Für die Füllung verwendet man dieses Kräuterbündel, bestehend aus fünf bis acht verschiedenen Kräutern, darunter Kapuzinerkresse, Löwenzahn, Borretsch und andere wildwachsende Kräuter, *ricotta*, *Parmesan*, Eier und nach Geschmack auch Knoblauch. Die Nußsoße wird aus Pinienkernen, Walnüssen, Knoblauch, Milchlab und Butter gefertigt und über die *pansoti* gegossen. Mit *Parmesan*, Muskatnuß und frisch gemahlenem Pfeffer anrichten
PAPARELE Venetien	Breite Bandnudeln, auch *pappardelle*

„paparele e bisi“

Ein Gericht, das in Verona zu Ehren des Schutzheiligen San Zeno gegessen wird. Für die Soße benötigt man *pancetta*, Butter, kleine, süße Erbsen, Zwiebel, Petersilie, etwas Fleischbrühe, Pfeffer und *Parmesan*

„paparele e figadini“

Bandnudeln und Hühnerleber
Eine veronesische Spezialität mit Hühnerleber, Butter, Fleischbrühe, *Parmesan*

PAPPARDELLE
Toskana

Breite Bandnudeln
Die Bandnudeln, die im Veneto *paparele* heißen, nennt man in der Toskana *pappardelle.* Man ißt sie mit einem Ragout aus Enten- oder Hasenfleisch

„con la lepre“

Mit Hasenfleisch, Olivenöl, Zwiebeln, Karotten, Selleriestangen, Petersilie, Rotwein, Milch, Rosmarin, Knoblauch, Muskatnuß und Pfeffer

„con l'anitra“

Mit Entenfleisch, Kalbsmilz, rohem Schinken, Butter, Zwiebeln, Tomaten, Selleriestangen, Karotte, Weißwein, Muskatnuß, Salbei, Fleischbrühe, Pfeffer und *Parmesan*

PAPPICCI
Abruzzen

Bandnudeln, die ohne Eier bereitet werden
Die Nudeln werden zusammen mit kleingeschnittenen Tomaten gekocht; dann mit einem *soffritto* (feingeschnittene Zwiebeln, Knoblauch, Schinkenspeck in Öl angebraten) vermischt und mit *pecorino* bestreut in der Kochflüssigkeit gegessen

PASTA E CECI

Kurze Teigwaren und Kichererbsen (siehe auch *ciceri e trii*)

PASTA E FAGIOLI
Piacenza

Kurze Teigwaren und dicke Bohnen, Speck, Zwiebeln, Olivenöl, geriebenes Brot, Tomaten, Basilikum, Pfeffer, etwas Butter

PASTA E FAGIOLI SGRANATI Neapel	Kurze Teigwaren, wie *tubettini* oder *ditalini* und Bohnen; *sgranati* steht hier für den Begriff „frisch“, d. h. Bohnen aushülsen und keine aus der Dose verwenden. Knoblauch, Selleriestangen, Petersilie, Tomaten, Olivenöl, Pfeffer
PASTA E FAGIOLI	Teigwaren und Bohnen
„alla napoletana“	Bei dieser neapolitanischen *minestra* (Suppe) macht man keine frische *Pasta*, sondern verwendet alle angebrochenen Packungen, egal ob kurze oder lange Teigwaren. Dafür gibt es im Neapolitanischen einen besonderen Ausdruck *munnezzaglia.* Außer den Bohnen und Nudeln verarbeitet man noch Knoblauch, Selleriestange, Tomaten, Petersilie, Pfeffer, etwas Speck (auch Schinkenspeck), *peperoncino* und Olivenöl
PASTA E FAGIOLI	Teigwaren und Bohnen
„alla veneta“	*Pasta e fasioi*, *paste e fasoi*, findet man im gesamten Venetien immer mit einer anderen *Pasta*-Sorte zubereitet. Die Bohnen sind manchmal püriert, doch wird die *minestra* immer mit Speck, Zwiebeln, Knoblauch, Petersilie, Rosmarin und oft auch Tomaten zubereitet. Kalt gepreßtes Olivenöl und frisch gemahlenen Pfeffer fügt man kurz vor dem Essen hinzu
PASTA E LENTICCHIE	Teigwaren und Linsen
„alla siciliana“	Bei dieser Version werden die gekochten Linsen püriert und mit *Pasta* *(ditalini)*, Butter, Olivenöl, Pfeffer und *Parmesan* verrührt und serviert
PASTA E PANE Toskana	Nudeln und Brot Eine dicke Suppe aus Kohl, Tomaten, Bohnen und kurzen Nudeln, die man über altbackenes Brot gießt und mit *Parmesan* und frisch gemahlenem Pfeffer anrichtet

PASTA E PATATE	Teigwaren und Kartoffeln Bei diesem sehr „rustikalen“ Gericht werden Speck, Schinken, Zwiebeln, Knoblauch, Tomaten, Kräuter und Gewürze sowie verschiedene Gemüsesorten, *pecorino*, *Parmesan* und Olivenöl verwendet
PASTA COL FINOCCHIO SELVATICO	Teigwaren mit wildem Fenchel
„alla siciliana“	Kurze Nudeln, Olivenöl, junger Fenchel, Safran, Pinienkerne, Rosinen und Pfeffer
PASTA CON LE SARDE	Teigwaren mit Sardinen
„alla palermitana“	Dieses Gericht hat eine große Tradition in Sizilien. Nudeln (maccheroncini), Sardinen, wilder Fenchel, Olivenöl, gesalzene Anchovis, Sultaninen, Pinienkerne, Zwiebel, Safran, Pfeffer und etwas Mehl werden verarbeitet, schichtweise in eine feuerfeste Form gegeben und bei mäßiger Hitze in den Ofen geschoben (nicht überbacken). Kalt oder warm servieren
PASTA CON LE SEPPIE Sizilien	Teigwaren mit Tintenfischen Kurze Nudelsorte, Tintenfische, Olivenöl, Zwiebeln, Petersilie, Weiß- oder Rotwein, Pfeffer, Knoblauch, Rosmarin, Karotte, Selleriestange, etwas Fleischbrühe und Schmalz
PASTA CCA SARSA E MILINCIANI Sizilien	Spaghetti mit Auberginen und einem *sugo* aus Tomaten, Öl, Knoblauch, Basilikum und frischem *pecorino.* In Catania nennt man dieses Gericht *pasta cca Norma*
PASTA CCU RIQUAGGHIU	Kleine, gerillte *rigatoni* oder *maccheroni* mit verquirlten Eiern, geriebenem Käse, Pfeffer, Petersilie vermischen

PASTA MISTA CORTA	Kurze, gemischte Nudelsorten für die *minestrone*
PASTA 'NCASCIATA Sizilien Messina	Makkaroni Mageres Kalbfleisch, Tomaten, Hühnerleber, Salami, Auberginen, junge Erbsen (süß), Eier, Knoblauch, *peperoncino*, *caciocavallo* (aus Kuhmilch hergestellter, birnenförmiger Käse, der frisch einen angenehm milden Geschmack hat und später hart und pikant wird), Olivenöl und Basilikum werden verarbeitet und mit den Nudeln in eine Auflaufform zum Überbacken gegeben. Mit Tomatensoße und *Parmesan* oder *pecorino* vor dem Essen anrichten
PASTICCIO Emilia-Romagna	Nudelpastete, bei der *maccheroncini* verwendet werden
„alla ferrarese"	Kalbfleischragout, Steinpilze, weiße Trüffel, Béchamelsoße, Gewürze und Kräuter verarbeitet gibt man in einen Pastetenteig und backt diesen. Wurde am herzöglichen Hof von Ferrara nur ganz besonderen Gästen serviert
PASTICCIO	Nudelpastete, bei der *perciatelli* (Nudeln mit Loch, ähnlich wie Spaghetti) verwendet werden
„con le melanzane"	Auberginen, mageres Rindfleisch ohne Knochen, Ei, altbackenes Brot, Erbsen, *pancetta*, Hühnerleber, *mozzarella*, Tomaten, geriebenes Brot, Schweineschmalz, Weißwein, Butter, Petersilie, Basilikum, Olivenöl, Pfeffer und *Parmesan.* Ein sehr aufwendiges Nudelgericht, bei dem sich die Arbeit lohnt
PENNE / RIGATI	Kurze Teigwaren – Maccheroni mit Schrägschnitt oder gerillt
„gialle" Toskana Empoli	Gelbe *penne* mit einem *sugo* aus gelben Paprikaschoten, Zwiebeln, Olivenöl, Gewürzen, Kräutern und *pecorino*

„al gorgonzola"	Mit *gorgonzola* (ital. Edelpilzkäse), *mascarpone*, Pfeffer und *Parmesan*
„all'arrabbiata"	Mit Tomaten, *pancetta* oder *guanciale*, etwas Schmalz, Zwiebel, Knoblauch, *peperoncini*, *pecorino* und Olivenöl
„alla pecora"	Mit *pancetta affumicata* (luftgetrockneter, geräucherter Bauchspeck), Butter, *Parmesan*, *pecorino* (frisch), *panna*, Basilikum und Olivenöl
PENNETTE	Kurze Teigwaren – dünner als *penne*
„con gli asparagi"	Mit Spargeln (den ganz dünnen, grünen, wildwachsenden), Butter, *Parmesan*, etwas *panna*, Öl und Pfeffer
„all'ulivetta"	Mit Olivenöl, Butter, Zwiebeln, rohem Schinken, schwarzen Oliven, Tomaten, Basilikum, etwas *panna*, Weißwein und *Parmesan*
PEPERINI	Kleine Teigwaren
„con l'uovo"	Die *peperini* werden in Milch gegart und mit zerschlagenen Eiern und geriebenen Käsesorten (*Parmesan* und *pecorino*) vermischt. Mit Pfeffer abschmecken
PERCIATELLI	Teigwaren mit Loch, ähnlich wie Spaghetti
„alla boscaiola"	Mit getrockneten Steinpilzen, Karotten, Stangensellerie, Lorbeerblatt, Zwiebeln, Petersilie, Weißwein, Gewürzen, Schweinswurst, Tomaten, *panna* und *Parmesan*
PESTARICI Venetien	Auch *gnocchetti di farina* Sie werden in Milch und Wasser gekocht

PICAGGE Ligurien	Eine Bezeichnung in Ligurien für *Lasagne*, die man mit einem *pesto* aus Petersilie, Pinienkernen und Olivenöl oder einem *pesto* aus Basilikum, Knoblauch, Pinienkernen und *pecorino* servieren kann
PICCHIETTINI Umbrien	Teigwaren, die den *maccheroni* ähneln, auch *manfricoli*
„ai quattro formaggi"	Mit *groviera* (Gruyèrekäse), holländischem Käse, *fontina* (mittelharter Käse aus dem Aosta-Tal) und *provolone* (Büffelkäse, oft geräuchert, mild bis pikant). Eine Käsesorte kann durch *mozzarella (bocconcini)* ausgetauscht werden
PILLUS Sardinien	Hauchdünne Teigblätter Mit Tomatensoße, Fleischfarce, weichem Käse, Schinken, hartgekochten Eiern werden die Teigplatten abwechselnd in eine Auflaufform geschichtet und überbacken
PISAREI E FASÔ Emilia-Romagna	*Pasta e fagioli* Es ist die Bezeichnung für *pasta e fagioli* (auch *gnocchietti e fagioli*) in der Emilia-Romagna
PISELLINI	Kleine Erbsennudeln für die Suppe
PIZZOCCHERI Valtellina Teglio	Breite Nudelstreifen aus Weizen- und Buchweizenmehl Es ist ein typisches Gericht aus den Bergen. Es besteht aus Wirsing, Kartoffeln, Knoblauch, Salbei, Zwiebeln, Butter und *bitto* (Käse aus Valtellina)
PUMMAROLA	Bezeichnung für *pomodoro* (Tomate) im neapolitanischen Dialekt, heißt auch soviel wie *sugo rosso* (rote Soße) für Nudeln (*maccheroni*)
PUNTINE / PUNTETTE	Kleine Nudeln für die Suppe

QUADRUCCI	Rechteckig geschnittene Bandnudeln
„alla ricotta"	Mit Tomaten, Olivenöl, Zwiebeln, Selleriestangen einen *sugo* herstellen und mit *ricotta* anrichten

RAVIOLI	Gefüllte Teigtaschen
„alla potentina" Basilikata oder Lukanien Potenza	Für die Füllung rohen, kleingewürfelten Schinken, *ricotta*, Kräuter und Eier und zum Anrichten ein *ragù* aus Hammelfleisch sowie *ricotta forte* (scharfer *ricotta*) und mehrere *peperoncini*
„ai filetti di sogliola" Marken Pesaro/Fano	Gefüllte Teigtaschen mit Seezunge Für die Füllung eine Farce aus *ricotta*, Eiern, Petersilie, Gewürzen. Zum Anrichten Seezungenragout, Weißwein, Knoblauch, wenig Tomatenmark und Kräuter
„alla genovese"	Mit Nierenfett, Zwiebeln, Knoblauch, Eiern, Rosmarin, Rotwein, Tomaten, magerem Rindfleisch, Bries, Hirn vom Lamm, geronnener Milch, *salsiccia* (Bratwurst), Borretsch, Lattich und *Parmesan.* Eine Spezialität!
„pusteresi" Pustertal	Der *Pasta*-Teig wird aus Roggenmehl, Milch, Eiern und Butter bereitet Für die Füllung verwendet man Spinat, Weißkäse, Schnittlauch, Wirsing, Butter, Kümmel. Mit geriebenem Käse und Butter anrichten
„trentini" Trient	Die Füllung setzt sich aus verschiedenen Fleischsorten (auch Huhn), Muskatnuß und Petersilie zusammen

„di mare con la bottarga“	Gefüllte Teigtaschen mit Fisch und Rogen (*la bottarga* ist der Rogen der Meeräsche oder des Thunfisches) Für die Füllung Öl, Zwiebel, Karotte, Selleriestange, Knoblauch, Lorbeerblatt, Barschfilet, Scampi, *frutti di mare* (gemischte Meerestiere), Tomaten, Basilikum, Brandy, geriebenes Brot und Rogen
„alla bobbiese“ Emilia-Romagna Bobbio	Mit einer Füllung aus Hirn, magerem Rindfleisch, in Butter geröstetem, altbackenem Brot, Eiern, geriebenem Käse. Mit flüssiger Butter anrichten
REGINETTE	Bandnudeln, die an einer Seite gewellt sind
„con mozzarella, uova e acciughe“	Mit *mozzarella*, Eigelb, Anchovis, Pfeffer und Butter
RICCIUTELLE	Bandnudeln, die am Rand gewellt sind
RIGATONI	Kurze, gerillte, röhrenförmige Teigwaren
„con salsicce e uova“	Mit Schweinswürsten und Eiern
„con ricotta e pomodoro“	Mit *ricotta*, frischen Tomaten, Schweineschmalz, Olivenöl, Zwiebel, frischem Basilikum, Pfeffer und *Parmesan*
„alla golosa“	Mit Auberginen, Eigelb, Tomaten, Öl, Nüssen, Pfeffer und *pecorino*
RIVOLTINI Emilia-Romagna	Dicke Ravioli *ricotta* und Gemüse oder Fleischfarce für die Füllung

RUFIOI DE COSCIA Cortina d'Ampezzo	Auch *bastoncini*, Teigwaren in Form von Stöckchen mit *zigar*, (*ricotta affumicata e dura*), einem geräucherten Hartkäse, der über die Nudeln gerieben wird. Dazu nimmt man frische Butter, die in den Bergen oftmals noch zu Hause hergestellt wird
RUOTI	Teigwaren, die wie kleine Räder geformt sind
„ai fegatini“	Mit einer Soße aus Hühnerleber, etwas Salami, Sardellenfilet, viel Petersilie, Knoblauch und Olivenöl
SAGNA CHIENA Neapel	Lasagne Schweinefleisch, Eier, Erbsen, frische Pilze, *mozzarella*, Artischocken, Zwiebeln, Karotten, Sellerie, Olivenöl, Pfeffer, Muskatnuß, Lorbeerblatt, Bratensoße und *pecorino*
SCHIAFFETTONI Kalabrien	Dicke, gefüllte *maccheroni* Hackfleisch, geriebener Schafskäse, Eier und Gewürze für die Füllung. Mit Tomatensoße übergießen, *pecorino* überstreuen und überbacken
SCILIATELLI Kalabrien	Lange, dicke, hausgemachte Nudeln Man macht dazu ein Ragout aus Schweinefleisch und reibt sehr viel *caciocavallo* darüber
SEDANINI	Kleine „Selleriestangen“, leicht gebogen
„con sugo di quaglie“	Mit Wachtelbrust, Pilzen, Eigelb, Butter, Rotwein, Fleischbrühe, Pfeffer und *Parmesan*
SPACCATELLE	Halbrunde, zur Innenseite geöffnete, kleine Röhrennudeln

„con le fave"	Mit „Saubohnen" (*fave*), *pancetta*, Olivenöl, rohem Schinken, Selleriestange, Essig, Zucker und Pfeffer
SPAGHETTI	Bekannteste, gebräuchlichste, beliebteste Nudelsorte. Spaghetto heißt Bindfaden, Schnürchen oder auch kleiner Strick
„aglio (e) olio"	Mit Knoblauch und Olivenöl. Viele Knoblauchzehen und gutes Olivenöl sind die Voraussetzung. Von Region zu Region verschieden sind die weiteren Beigaben: *prezzemolo* (Petersilie) oder *peperoncini* oder Rosmarin. Zum Anrichten frisch gemahlener Pfeffer und geriebener Käse (*pecorino* oder *Parmesan*)
„alla carbonara"	Mit *pancetta*, Eiern, Schafskäse, Butter, Olivenöl und Pfeffer
„al caviale"	Mit Kaviar, Butter, *panna* und frisch gemahlenem Pfeffer
„con gorgonzola e ricotta"	Mit Edelpilzkäse (pikant) und Frischkäse aus Ziegenmilch, Butter, etwas Milch, geriebener Zwiebel und Pfeffer
„di magro al cartoccio"	Spaghetti in der Tüte Mit *frutti di mare* (Meeresfrüchten), *scampi*, Tintenfisch, Knoblauch, Petersilie, *peperoncino*, Weißwein und Olivenöl Die vorbereiteten Zutaten werden mit den halb gar gekochten Nudeln auf ein großes, geöltes Pergamentpapier gelegt, verschlossen und bei 200 Grad gebacken
„alla zappatora" Foggia	Nach Art der „Hackerin" (Bäuerin). Die Zubereitung ist wie *aglio e olio* mit *peperoncino*

„alla carrettiera“ Rom	Nach „Fuhrmannsart“ Mit einer einfachen Soße aus Thunfisch, Pilzen und Tomaten
„all'amatriciana“	Nach Art von Amatrice, einer Stadt in den Abruzzen. Mit *pancetta*, Schmalz, Tomaten, Weißwein, *peperoncino* und viel *pecorino*
„con le vongole“	Mit kleinen Venusmuscheln in *sugo rosso* (Tomatensoße), Zwiebeln, Knoblauch, Kräutern, Olivenöl und Weißwein In *sugo bianco* (weißer Soße) mit viel Petersilie, Weißwein, Knoblauch und Olivenöl
„alla carlofortina“ Sardinien	Carloforte ist eine Stadt auf der kleinen Insel S. Pietro bei Sardinien. Der *sugo* besteht aus Sardellen, Thunfisch und Oliven und wird von jeher von den Inselbewohnern so zubereitet. In den Restaurants werden verschiedene Variationen angeboten, z. B. ohne Sardellen, aber mit *bottarga* (Rogen der Meeräsche oder des Thunfisches), Weißwein, Tomaten, Knoblauch und frischen Kräutern
SPAGHETTINI	Dünner als Spaghetti
„con carciofi“	Mit Artischocken
„col radicchio trevigiano“	Mit *radicchio trevigiano* (Zichorie aus Treviso). Es ist eines der vorzüglichsten Gerichte, das ich kenne und erstmals in Venedig gegessen habe. Der *trevigiana* ist ein Wintergemüse und wird als Spezialität hauptsächlich auf den Märkten im *Veneto* angeboten. Er unterscheidet sich von dem *radicchio rosso* durch seine schmale, längliche Form und durch die Maserung seiner Blätter. Beide Sorten werden mit Strunk (Wurzel) verkauft, der bei diesem Rezept unbedingt (sehr fein geschnitten) mitgekocht werden sollte. Der *radicchio* muß bei kleiner Hitze mindestens 3–4 Stunden köcheln. So entsteht eine cremige Soße, unter die *mascarpone* und Pfeffer (frisch gemahlen) gerührt werden. Bei Bedarf mit *Parmesan* bestreuen

SPAGHETTONI	Dicker als Spaghetti
„alla ghiotta"	Mit Sardellen, grünen Oliven, Tomaten, Knoblauch, Olivenöl, Kapern, Petersilie, Ingwer und Pfeffer
„alla puttanesca"	Man verwendet die gleichen Zutaten wie bei dem Rezept *spaghettoni alla ghiotta*, doch anstatt der grünen Oliven nimmt man die schwarzen
STELLINE	Sternchen-Nudeln für die Suppe
STRASCINARI Lukanien/Basilikata	Hausgemachte Nudeln Neben den ebenfalls hausgemachten *cavatelli*, *orecchiette* und *fusilli* gehören die *strascinari* zu den typischen Nudelsorten der Basilikata Teigstücke, die über die *cavarola* (spezielles, kleines gerändeltes Nudelbrett) gezogen werden. Die Teigstücke sind auf der einen Seite aufgerauht und auf der anderen glatt. Sie werden mit *cotecchinata* (gerollte Schweinespeckschwarten) gegessen. In Ligurien heißen die gerollten Speckschwarten *cotichelle*, und man findet sie bevorzugt in der Gegend von La Spezia. In der Basilikata bestreicht man Speckrouladen mit einer Paste aus Knoblauch, Schmalz, Petersilie und Zwiebeln, rollt die Schwarten zusammen und gart sie in Tomatensoße
STRASCINATI Umbrien Cascia	Hausgemachte *maccheroni* Man ißt sie in den umbrischen Bergen und in Cascia bevorzugt mit angebratener Wurst, die mit verquirlten Eiern, Petersilie und Käse vermengt über die Nudeln gegossen. Mit *pecorino* servieren
STRICHETTI Modena	Hausgemachte Nudeln Unter den Teig knetet man geriebenen *Parmesan*, schneidet rhombenartige Teigstücke, drückt sie in der Mitte zusammen und kocht sie in Fleischbrühe. Die *strichetti modenesi* werden in der Brühe gereicht und mit *Parmesan* verfeinert

SUCAMELE	*Maccheroni filati* werden in Kalabrien und auf Sizilien mit einem Binsenstöckchen (*buso*) oder einer Stricknadel in den Haushalten hergestellt. Mit Honig (*miele*) und Zimt werden die Nudeln angerichtet. Anstelle des Honigs nahm man früher Melasse

T

TACCONI Abruzzen	Flache Dreiecksnudeln
„alla contadina“	Nach Bauernart Mit einem *sugo* aus Zwiebeln, Stangensellerie, süßen Paprikaschoten, Knoblauch, Speck, Tomaten und *peperoncino.* Langsam köcheln lassen und mit *pecorino* anrichten
TAGLIATELLE Emilia-Romagna	Bandnudeln
„alla bolognese“	*Ragù alla bolognese* besteht aus Rindfleisch, Butter, *pancetta*, Zwiebeln, Karotten, Selleriestangen, Nelken, Fleischbrühe, Tomatenmark, Pfeffer. Zum Anrichten verwendet man *panna* (Rahm) und *Parmesan*
TAGLIATELLE VERDI	Grüne Bandnudeln
„ai cinque formaggi“	Mit fünf verschiedenen Käsesorten. Der *Pasta*-Teig wird mit Spinat hergestellt. Für die Käsesoße nimmt man *mozzarella* oder *burrielli* (sie sind nicht, wie *mozzarella*, in Salzwasser gelegt, sondern in Milch), *provolone*, Emmentaler, *groviera* (Gruyèrekäse), *fontina* und *Parmesan.* Mit Pfeffer und etwas *mascarpone* abschmecken
TAGLIERINI	Schmale Bandnudeln

„della Val Trebbia“	Mit Butter, gemahlenen Nüssen, *ricotta*, *Parmesan*, Olivenöl und Muskatnuß
„al’alloro“	Mit vielen Lorbeerblättern, Butter, Olivenöl, Zwiebeln, Tomaten, Pfeffer und Zimt
„con il ragù d’agnello“	Mit Lammragout, gelbem Paprika, Tomaten, Knoblauch, Lorbeerblättern, *peperoncino*, Weißwein, Olivenöl und *pecorino*
TAGLIOLINI	Schmale Bandnudeln
„al cacciatore“	Mit einem Ragout aus Wildente, Fasan und Hühnchen, außerdem *pancetta*, Zwiebeln, *marsala*, Olivenöl, Knoblauch und Pfeffer
„con cacio e pepe“	Mit *caciocavallo* (birnenförmiger Käse), Butter, Olivenöl und frisch gemahlenem Pfeffer
TAJARINI Piemont	Hausgemachte schmale Bandnudeln
„all’albese“	Mit einer Soße aus Olivenöl, Butter, Zwiebeln, Tomaten und kleingehackter Hühnerleber
TIMBALLO	*timballi* sind Aufläufe, die häufig den Charakter der Resteverwertung haben. Mit Teigwaren, wie *maccheroni*, *paccheri* oder *cappelletti*, einer Béchamelsoße, verschiedenen Fleischragouts, Käsesoßen, Gemüsesorten, Kräutern und Gewürzen lassen sich hervorragende *timballi* herstellen. Mit geriebenem Käse bestreuen und überbacken
„di lasagne napoletano“	Bei diesem Rezept werden die *lasagne*-Platten frisch bereitet. Mit Schweineschmalz, Butter, Olivenöl, Tomaten, frischen Pilzen, Hühnerleber und Hühnerklein, Knoblauch, *peperoncino*, Zimt, Basilikum, Nelken, Fleischbrühe und *Parmesan*

TONDARELLI ALLA CHITARRA Abruzzen	Auch *maccheroni alla chitarra*
„al diavolo“	Mit einer scharfen Tomatensoße, bei der in den Abruzzen nicht nur ein *peperoncino*, sondern mindestens 2–3 enthalten sind. Entweder man läßt die *peperoncini* im *sugo* mitkochen oder zerreibt sie im Mörser, vorausgesetzt, sie wurden vorher getrocknet. Wer es weniger scharf liebt, kann auch nur das Öl verwenden, in dem die *peperoncini* eingelegt wurden
TORCIGLIONI	Spiralförmige Teigwaren, „Haarbänder“
„con sardine al forno“	Mit Béchamelsoße, frischen Sardinen, Tomaten, *panna*, Petersilie, geriebenem Brot und Butterflöckchen zum Überbacken in den Ofen
TORDELLI	Im Norden Italiens nennt man so die *ravioli* aus Modena Die Füllung besteht aus geriebenem Brot, Rinder- und Schweinehackfleisch, Muskatnuß, Petersilie, Pfeffer, Zimt, Knoblauch, Eier, *pecorino* und *Parmesan*
TORTELLI Lombardei Crema	Nudeltaschen
„alla cremasca“	Mit einer Füllung aus Sultaninen, Makronen, jungen Zedernspitzen, Zitronenschale, Minzzucker, Eiern und *marsala* (Dessertwein aus Sizilien). Alle Zutaten zu einer Paste verrühren und geriebenes Brot und Käse mitvermengen. Mit zerlaufener Butter und *Parmesan* anrichten
„con la ricotta“	Die Füllung besteht aus *ricotta*, *Parmesan*, Butter, Muskatnuß, Petersilie und Pfeffer. Mit flüssiger Butter und *Parmesan* servieren

„di zucca“	Mit gelbem Kürbisfleisch, *mostarda di frutta* (eingelegten Senffrüchten), *amaretti* (kleinen Makronen), Butter, *Parmesan*, frisch geriebener Zitronenschale, Muskatnuß und Pfeffer
TORTELLI Toskana Florenz	Teigtaschen, die in der Toskana mit Kartoffelpüree gefüllt werden. Sie werden das ganze Jahr über zubereitet, ganz gewiß aber am 10. August, dem Tag des heiligen Lorenzo
„di S. Lorenzo“	Für die Füllung nimmt man Kartoffelpüree (frisch hergestellt), Butter, *Parmesan*, Pfeffer, Muskatnuß. Mit *ragù* oder Tomatensoße werden die *tortelli* angerichtet, bevor man sie in Wasser gekocht hat. Ißt man sie nur mit flüssiger Butter und *Parmesan*, sollten sie in Fleischbrühe gekocht werden
TORTELLINI Emilia-Romagna	Kleine Teigtaschen
„alla panna“	Mit einer Fleischfüllung und einer Butter-Sahne-Soße, gewürzt mit Pfeffer und Muskatnuß sowie geriebenem *Parmesan*, in der die *tortellini* geschwenkt werden
„in brodo“	Mit einer Fleischfüllung und einer Fleischbrühe, in der die *tortellini* serviert werden
TORTELLONI	Große Teigtaschen
„gratinati“	Für die Füllung: *ricotta* (frisch), Spinat, gekochter Schinken, Eigelb, *Parmesan*, Muskatnuß, Pfeffer Zum Anrichten: Tomaten, Butter, *mozzarella*, *Parmesan*, Basilikum, Zwiebeln, Olivenöl, Pfeffer Zum Überbacken in den vorgeheizten (200 Grad) Ofen

„di primavera" Toskana Maremma	Nach Frühlingsart Mit einer Füllung aus *ricotta*, Spinat oder Mangold, Muskatnuß und *Parmesan.* Gekocht werden die *tortelloni* in Fleischbrühe Für den *sugo* verwendet man in der Maremma mageres Rindfleisch, Hühnerleber, Zwiebeln, Selleriestangen, Basilikum, Olivenöl, Tomaten, Rotwein, Fleischbrühe, *Parmesan* und *pecorino*
TORTIGLIONI	Teigwaren, ähnlich wie *maccheroni*
„ai funghi"	Mit Pilzen (möglichst frisch), Butter, Olivenöl, Schinkenspeck, Zwiebeln, Marsala, Lorbeerblatt, Pfeffer, Fleischbrühe und *Parmesan*
TRENETTE Ligurien	Dünne Teigwaren, etwas breiter als *linguine*
„a stufato"	Nudeln nur halb gar gekocht und in einer Soße aus Olivenöl, Zwiebeln, Sardellen, Tomaten, Pilzen (getrocknet und eingeweicht) und durchpassierten weißen Bohnen zu Ende gegart
TROCCOLI Apulien	Apulische Bezeichnung für *maccheroni alla chitarra*
„col ragù di agnello"	Mit Lammragout und Speck, etwas Schweinefleisch, einem pikanten Würstchen, Weißwein, Tomaten und *pecorino*
TROFIE Ligurien	Hausgemachte Teigwaren aus Mehl und Kleie, die für die Riviera di Levante typisch sind Die Nudeln sehen aus wie kleine Schrauben. Man nimmt ein Teigkügelchen, so groß wie eine Kichererbse, und drückt rollend die Zinken einer Gabel darauf

„al pesto“	Die bekannte Soße aus Ligurien mit Basilikum, Pinienkernen, Knoblauch, Olivenöl, *pecorino sardo* und *Parmesan* reicht man mit besonderer Vorliebe zu diesen Nudeln
TROFFIETTE RECCHELLINE	Fingerlange, schraubenförmig gedrehte Nudeln, die zusammen mit grünen Bohnen und *pesto* sowie Kartoffelscheiben gekocht und angerichtet werden
TUBETTI Neapel	Kurze *maccheroni* mit leichter Biegung, „Schläuchchen“
„e cocozza“	Mit einer Art *zucca* (Kürbis, der länglich, gelblich ist), Olivenöl, Knoblauch, Petersilie und Pfeffer
TUBETTINI	Kleine „Schläuchelchen“
„alla gricia“	Griciano, ein kleines Dorf in der Nähe von Amatrice/Latium, gab diesem Nudelgericht seinen Namen. Mit *guanciale* (Backenspeck), Zwiebeln, Olivenöl, Knoblauch, *peperoncino* und *pecorino*
TURTI Emilia-Romagna	Besonders dicke *tortellini* Die Füllung besteht aus *ricotta*, Käse, Eiern und viel Petersilie. Mit flüssiger Butter und *Parmesan*, Muskatnuß und Pfeffer anrichten

U'CAZINI Basilikata/Lukanien Matera	Teigwaren, die den *cappelletti* aus der Emilia-Romagna ähneln. Die Füllung weicht etwas ab gegenüber den bisher bekannten. Man vermengt *ricotta*, Zimt, Vanille, Muskatnuß und Zucker Zum Anrichten wird ein *ragù* aus Lammfleisch bereitet
UMBRICI Umbrien	Hausgemachte Teigwaren, die in der Gegend von Terni auch *ciriole* genannt werden. Man ißt sie mit einer einfachen Tomatensoße oder mit Olivenöl, Knoblauch und *pecorino*
VERMICELLI Apulien Gallipoli	Sehr dünne Fadennudeln
„ai granchi“	Mit Krebsen, die in einem Tomaten*sugo* geschmort werden. Mit frischen Kräutern zusammen mit den Nudeln reichen
Kalabrien	Ein traditionelles Gericht für den Heiligen Abend
„con la mollica“	Mit Brotkrumen, die in Öl mit Sardellen angeröstet und mit den Nudeln vermischt werden
Kampanien „alla napoletana“	Auch *pasta fritta* oder Nudeleierkuchen. Die *vermicelli* werden mit Schinkenwürfeln, Fleischbällchen, geriebenem Käse, verquirlten Eiern und frischen Kräutern in Butter wie ein Eierkuchen gebacken. Man ißt dazu *burielli* oder auch frischen *caciocavallo*

„con peperoni"	Mit einem *sugo* aus gelbem Paprika, Knoblauch, Kapern, Sardellen, Tomaten, schwarzen Oliven, frischem Basilikum, Pfeffer und *Parmesan* oder *pecorino*
„al verde"	Mit Anchovis, Pinienkernen, Spinat, Knoblauch, Petersilie, Basilikum, Olivenöl und frisch gemahlenem Pfeffer. Die *vermicelli al verde* können überbacken werden
VINCISGRASSI Marken	Lasagne mit großen Teigplatten Eine Fleischfarce aus Innereien, Schweinswurst, Rindfleisch, Schmalz, Schinkenspeck und Butter herstellen, mit einer Béchamelsoße sowie einem *soffritto*, *vinsanto*, Brühe, Gewürzen, Tomaten und *Parmesan* vermischt lagenweise mit den *lasagne*-Platten in eine Auflaufform einschichten und im Ofen überbacken

Z

ZEMBI D'ARZIGLO Ligurien	Ravioli mit Fleischfüllung Die Füllung bereitet man aus verschiedenen Fischsorten, Ei und Käse. Manchmal werden auch noch Pilze, Pinienkerne, Sardellen, Kräuter und grünes Gemüse mitverarbeitet. Dazu ißt man eine Soße aus Herzmuscheln
ZITE	Lange, dicke Röhrennudeln
„col ragù di maiale"	Mit Schweinefleischragout, Tomaten, Zwiebeln, Selleriestangen, Karotten, Lorbeerblatt, grobem Pfeffer, Schinkenspeck, Weißwein, Nelken, Petersilie und *Parmesan*

ZITE RIPIENE Kampanien	Gefüllte dicke Röhrennudeln In Caserta und Umgebung gehören die *zite ripiene* zum Hochzeitsessen. Die Füllung bereitet man aus Schweinemett, Salami, Zwiebeln, Eiern, geriebenem *caciocavallo*, Muskatnuß, Pfeffer und etwas Brühe. Die Nudeln damit füllen, mit *sugo* übergießen, mit Käse bestreuen und überbacken
ZITONI	Röhrennudeln, dicker als *zite*
„di magro al tonno"	Mit Thunfisch, Tomaten, Anchovis, Knoblauch, Zwiebel, *caciocavallo*, Oregano und Pfeffer
„con ciambotto"	Mit einem Fischragout, das aus verschiedenen Fischsorten hergestellt wird und das man in Bari auch zu Nudeln ißt

SPAGHETTI „AL DENTE"

Vom „richtigen" Kochen der „richtigen" Pasta

Wer sich die Mühe macht, die Pasta sachgemäß herzustellen, der sollte auch darauf achten, sie sachgemäß zu kochen.
Dazu hat sich in einem Traktat über „Alle üblichen Mittagessen in unserem schönen Neapel" im Jahre 1847 bereits ausführlich der Herzog von Buonvicino, Cavaliere Ippolito Cavalcanti, geäußert.

„Man nehme fast zwei Kilo rotoli, aber diese, mein lieber Freund, sollen unsere neapolitanischen Maccheroni sein oder von der Küste, da in jeder x-beliebigen Gegend der Welt, es sei mir gestattet, das zu sagen, eine solche Maccheroni nirgendwo sonst zu finden ist. Und obwohl sich zahlreiche Staaten in Bewegung gesetzt haben, unsere Methoden anzuwenden, um eine ebensolche Ware zu produzieren, ist ihnen eben das nicht gelungen, weil dies alles vorrangig von der Qualität des Weizens abhängt und weiter von dem Wasser, wie ich die Erfahrung selber auf meinen verschiedenen Reisen gemacht habe (. . .).
Man zerbreche sie in kleine Stücke, koche sie in einer normalen Brühe (aber auch in diesem Punkt muß man gut aufpassen, die Maccheroni hineinzutun, wenn die Brühe oder das Wasser kochen, sie genau in die Mitte des Topfes einzutauchen, da sie sonst gummiartig werden und den Geschmack verlieren). Wenn sie halb gekocht sind, nimmt man sie aus der Brühe und die ‚Kochzeit' setzt sich fort, das heißt ‚weiterkochend' in der Terrine (noch sehr feucht) werden sie mit einem Häufchen geriebenem Parmesan serviert (. . .).
Es scheint eine Kleinigkeit, einen Teller Maccheroni vorzubereiten, trotzdem muß man aufmerksam sein."

Dem neapaolitanischen Handwerker war es gelungen, mit einfachsten Mitteln ein so delikates Gericht herzustellen. Und wer damals wissen wollte, wie er es schaffte, dem sagte man:

„Mag sein die Luft, mag sein das Wasser."

Nicht die Pasta „schocken"

In Neapel und auf Ischia lernte ich bei Freunden: Die Pasta muß unbedingt „abgeschreckt" werden. Fachleute sind jedoch der Meinung, daß diese „Schockmethode" genau falsch ist. Von anderen wiederum hörte ich, dem Kochwasser müsse ein Tropfen Öl zugefügt werden, oder der Topf sollte beim Kochvorgang geschlossen bleiben. Ich habe diese und auch noch einige andere Ratschläge, wie Pasta am besten zu kochen sei, alle ausprobiert. Dabei bin ich zu dem Ergebnis gekommen, daß es eigentlich ganz einfach ist, wenn man sich an einige bestimmte Regeln hält.
Der Herzog von Buonvicino hat uns in seinem Traktat schon einige Erklärun-

gen gegeben. Allerdings gehörte er zu denen, die das Kochen der Pasta allzu wichtig nahmen. Mag sein, daß der Herzog als Neapolitaner da nicht ganz unvoreingenommen war.

Ich halte es schon eher mit den Ratschlägen eines anderen Neapolitaners. In seiner „Liebe zur Pasta" schätzte Marotta an den Spaghetti, daß sie blitzschnell, einfach und ohne viel Aufhebens zubereitet werden können.

1. Ein ausreichend großer Kochtopf sollte vorhanden sein.
2. Die Nudeln müssen in genügend Wasser kochen; auf 100 Gramm rechnet man 1 Liter Wasser.
3. Das Wasser wird gesalzen und die Nudeln erst hineingegeben, wenn es sprudelnd kocht.
4. Zum Umrühren benutze ich einen Holzlöffel.
5. Die Kochzeit ist im allgemeinen auf den Packungen angegeben.

Ich habe es mir jedoch zur Angewohnheit gemacht, immer vor Ende der Kochzeit eine Nudel herauszufischen, um feststellen zu können, ob sie „al dente" (bißfest) ist. Sieht man beim Abbeißen der Spaghetti zum Beispiel innen noch einen winzigen weißen Punkt, dauert es nur noch kurze Zeit und die Nudeln sind fertig.

Es ist nicht richtig, daß die Nudeln um so besser zu verdauen sind, je länger man sie kocht!

Hat man dann den richtigen Zeitpunkt getroffen, muß alles schnell geschehen. Das Sieb sollte schon bereitstehen und die Nudeln direkt aus dem Topf hineingegossen werden. Ein kurzes Schütteln genügt, damit das Wasser ablaufen kann. Die Nudeln dürfen nicht zu naß, aber auch nicht zu trocken sein, wenn sie in der Schüssel mit dem *Sugo* vermischt werden.

Die guten Ratschläge des Herzogs können in diesem Punkt beherzigt werden. Die Nudeln saugen von der Flüssigkeit auf, und von dem Moment des Abtropfens bis zum Anrichten ist der „Kochvorgang" noch nicht beendet. Natürlich würde ich das ein bißchen von der Soße abhängig machen. Zuviel Flüssigkeit macht eine nicht gerade kompakte Soße unter Umständen zu wäßrig. Bei einer Soße aus Eiern, Sahne und Käse empfehle ich unbedingt, die Nudeln noch relativ feucht zu lassen. Mir ist selbst schon passiert, daß beispielsweise die *Spaghetti carbonara* gerade in diesem Punkt nicht optimal waren, vor allem wenn ich keine fette Sahne zum Schluß unterrühren will.

6. Zum Anrichten benutzt man eine ausreichend große Schüssel, die möglichst vorgewärmt sein sollte; das gleiche gilt auch für die Teller. Nudeln, Sugo und der geriebene Käse werden schnell vermischt, und für den, der noch mehr Soße haben möchte, behält man ein wenig zurück und stellt sie mit dem restlichen Käse auf den Tisch. Das Unterziehen des Käses ist sehr wichtig, da er besser schmelzen kann und sich so geschmacklich nicht abhebt.

Wenn man die Nudeln schon in der Küche auf die Teller verteilen will, holt man sie am besten mit einer großen Holzgabel direkt aus dem Kochwasser, läßt kurz etwas von der Flüssigkeit ablaufen und gibt dann löffelweise den Sugo auf die Mitte des Nudelberges. Der geriebene Käse kann schon in den Sugo gerührt werden.

Parmigiano – Parmesan
Kein Käse wie jeder andere

Der Parmesankäse ist schon etwas Besonderes. Man kennt ihn in zwei verschiedenen Sorten, als *parmigiano reggiano* und als *parmigiano padano*, und er gehört zur Familie der *Grana* (körnige Käse). Er wird weitgehend aus der Milch von Kühen, die sich nur mit Grünfutter ernähren, hergestellt, wobei die Kühe aus dem Val Padana überwiegend im Freien weiden. Der *parmigiano reggiano* wird in der Gegend von Reggio Emilia, Parma, Modena, Mantua und Bologna nur in den Monaten April bis November hergestellt. Nach einer Reifezeit von einem Jahr, manchmal auch früher, ist er ausgezeichnet als Dessertkäse. Zum Reiben über die Pasta muß er mindestens zwei Jahre unter bestimmten Bedingungen lagern. Die etwa dreißig Kilo schweren Käseräder werden zwanzig Tage in eine Salzlake gelegt und danach unter Aufsicht von Fachkräften bis zu dem gewünschten Reifepunkt mit Spezialbürsten behandelt, gewendet und immer wieder neu abgekratzt.

Pecorino – Schafskäse

Den *pecorino* kenne ich in fünf verschiedenen Sorten. Er ist, je nach Alter, mild bis pikant, und dementsprechend verändert er auch seine Konsistenz.
Der *pecorino sardo* wird auf Sardinien entweder aus Kuh- und Schafsmilch oder nur aus reiner Kuh- bzw. Schafsmilch hergestellt. Zum Reifen legt man die Käse in Salzlake, und schon nach einem Monat sind sie zu verwenden. Zum Reiben allerdings muß man sie weiterreifen lassen, und das geschieht außerhalb der Lake.
Seine Form und die Farbe der Rinde zeichnen ihn immer als klassischen pecorino sardo aus. Er wird selten ein Gewicht über einem Kilogramm haben und außen ist er fast schwarz. Ißt man ihn frisch, hat er einen leicht süßlichen Geschmack, danach dann wird er pikanter.
Der *pecorino romano* gehört zu den ältesten Schafskäsesorten und wird auch ein wenig anders zubereitet. Er muß während des Reifeprozesses mit Schweinefett und Olivenöl eingerieben werden und erhält dadurch im ausgereiften Zustand eine besonders pikante Note.
Der *pecorino siciliano*, der aus Sizilien kommt, hat eine Reifezeit von etwa vier Monaten und ist danach eßbar. Als Hartkäse zum Reiben bekommt er einen pikanten Geschmack. Die Herstellungszeit ist von Oktober bis Juni.
Der *pecorino toscano* wird in der Toskana auf eine ganz bestimmte Weise hergestellt. Man verwendet das Ferment aus einer bitteren Artischockensorte. Schon nach einem Monat hat der Käse seinen Reifeprozeß beendet und ist angenehm im Geschmack, nicht zu süßlich und nicht zu pikant. Durch die Nahrung der Schafe auf den Weiden erhält der pecorino toscano einen anisähnlichen Geschmack.
Der *pecorino pugliese* hat einen leicht pfeffrigen Geschmack, wenn die Schafe auf den Murge-Weiden von Apulien, auf denen der Mastixstrauch wächst, weiden können. Die Reifezeit erfolgt in dem schweren Öl von Apulien und beträgt etwa sieben Monate.

Pesto alla genovese

BASILIKUMSOSSE AUF GENUESER ART

Die Zutaten sind für 6 Personen

400–500 g Basilikum,
am besten eignet sich die großblättrige Sorte,
die es überwiegend in Ligurien gibt;
4 große Knoblauchzehen
2–3 Eßl. Pinienkerne
5 Eßl. geriebener Parmesan
5 Eßl. geriebener Pecorino
gut 1/4 l Olivenöl
Salz und Pfeffer

Um das Pesto zu bereiten, empfehle ich, einen Mörser zu benutzen. Ich habe zwar häufiger in italienischen Haushalten die Verwendung eines Mixers gesehen, doch aromatischer schmeckt das Pesto zweifellos, wenn man sanft mit den verschiedenen Zutaten umgeht. Außerdem ist der Arbeitsaufwand ja nicht übermäßig groß.
Das Basilikum vorsichtig waschen und gut trocknen, die Stiele entfernen und die Blätter grob zerkleinern. Die Pinienkerne (man kann notfalls auch Walnüsse verwenden) und den Knoblauch zerschneiden, mit dem Basilikum unter Zugabe von Salz zerstoßen. Nacheinander die geriebenen Käsesorten unterrühren. Ich habe auch schon mal ausprobiert, den Käse in kleine Stücke zu teilen, und ihn mit dem Mörser kleingedrückt. Das ist nur durchzuführen, wenn man einen ausreichend großen Mörser besitzt, doch ich kann es sehr empfehlen. Jetzt rühre ich in diesen dicken Brei langsam das Olivenöl (kaltgepreßtes schmeckt am besten), bis eine cremige Masse entsteht. Ist das Öl aufgebraucht und die Konsistenz gut, schmecke ich mit Salz und frisch gemahlenem Pfeffer ab und lasse das Pesto etwas durchziehen.
Wenn ich in Italien bin, stelle ich mir meist größere Mengen des Pesto her. Man kann es längere Zeit, auch ohne es einzufrieren, in gut verschließbaren Gläsern kühl aufbewahren. Es ist nur zu raten, den Knoblauchanteil zu verringern, da der Geschmack übertrieben stark wird. Wem das aber nicht ausreicht, kann kurz vor der Verwendung frisch gehackte Knoblauchzehen unterrühren.
Bevor das Pesto unter die gekochten Nudeln gerührt wird, muß es unbedingt mit etwas von dem Kochwasser verdünnt werden.*
Die Mischung der beiden Käsesorten ist nicht unwichtig, da der Pecorino dem Ganzen etwas Pikantes verleiht. Er kann aber auch durch Parmesan ersetzt werden.

*In Genua verwendet man nicht das Kochwasser der Nudeln, sondern eine Art gestockte, leicht säuerliche Milch, die *prescinseua* genannt wird.

Trenette al pesto

Das Pesto nach dem angegebenen Rezept auf Seite 99 herstellen

Für 4 Personen rechnet man etwa 500 g Trenette;
werden sie als Hauptgericht gegessen,
erhöht man dementsprechend
2 Kartoffeln, geriebener Parmesan
Salz und Pfeffer

Das Wasser in einem ausreichend großen Topf zum Kochen bringen und salzen. Die Kartoffeln schäle ich in der Zwischenzeit und schneide sie in kleine Würfel. 7 Minuten bevor ich die Nudeln koche, gebe ich die Kartoffeln in das Salzwasser und lasse alles zusammen noch weitere 8–10 Minuten kochen. Die Kontrolle, wann die Trenette „al dente“ sind, führe ich aber auf jeden Fall durch.
Kurz vor dem Anrichten rühre ich 2–3 Eßlöffel von dem Kochwasser unter das Pesto, das ich für dieses Gericht verwenden möchte. Die garen Nudeln und die Kartoffeln schütte ich auf ein Sieb und gebe sie in eine vorgewärmte Schüssel oder auf eine Platte. Die Hälfte der Pestosoße rühre ich jetzt schnell unter die Nudeln und stelle sie zusammen mit dem restlichen Pesto und noch etwas geriebenem Parmesan auf den Tisch. Mit frisch geriebenem Pfeffer schmeckt das Ganze abgerundet.
Diese Idee mit der Kartoffel ist keineswegs einem deutschen Kopf entsprungen, sie ist sogar schon in alten italienischen Rezeptbüchern nachzulesen. Manche Ligurer kochen auch kleine, zarte grüne Bohnen mit den Kartoffeln und essen beides mit den Nudeln „al pesto“.

MACCHERONI CON BROCCOLETTI

MACCHERONI MIT BROCCOLI

Die Zutaten sind für 4 Personen

500 g Maccheroni
600 g Broccoli
4–5 Eßl. Olivenöl
1 Zwiebel
50 g Pinienkerne
50 g Rosinen
Salz, Pfeffer, Safran

Gesalzenes Wasser in einem großen Topf zum Kochen bringen. Zwischenzeitlich verlese ich den Broccoli und teile ihn in kleine Röschen. Die Strünke verwende ich ebenfalls; geschält und kleingeschnitten werden sie mit dem Gemüse gekocht. Nur kurz, denn die Röschen dürfen nicht zerfallen. Man nimmt sie dann aus dem Kochwasser mit einem Schaumlöffel heraus und läßt sie abtropfen. Ich erspare mir diese Arbeit mit dem Schaumlöffel, indem ich den Broccoli in ein großes Sieb gebe, das ich in den Kochtopf hänge. Das Kochwasser hebe ich auf.
Danach erhitze ich das Öl in einer Pfanne, füge die kleingeschnittene Zwiebel, die Pinienkerne und die vorher eingeweichten Rosinen hinzu und lasse es einige Minuten dünsten. In der Zwischenzeit lasse ich das Gemüsewasser aufkochen und gare darin die Maccheroni. Von dieser Flüssigkeit nehme ich einen Eßlöffel ab, verrühre darin den Safran und mische ihn mit dem Pfanneninhalt. Kurz bevor die Nudeln „al dente“ sind, schütte ich vorsichtig den Broccoli dazu, schwenke kurz durch, ohne umzurühren, und gebe alles zu den fertiggekochten Nudeln in eine Schüssel. Mit Salz und Pfeffer kann man das Ganze abschmecken, kurz umrühren und sofort servieren.

Variationen: Anstatt der Zwiebel kann man auch Knoblauch verwenden oder beides. Aber dieses Gericht schmeckt auch mit Tomatensugo, Knoblauch, viel Petersilie, mit Parmesan und Pecorino statt der Pinienkerne und Rosinen.

PANSOTI AL PREBOGGION CON SALSA DI NOCI

GEFÜLLTE TEIGTASCHEN MIT NUSS-SOSSE

Eine Spezialität aus Ligurien von der Riviera di Levante

Für die Zubereitung dieser Pansoti kennt man an der levantinischen Küste ein „Kräuterbündel“, das im Dialekt *preboggion* oder *prebugiun* heißt. Es sind Kräuter, die vorwiegend wild wachsen und in anderen Gegenden Italiens schwer zu finden sind.
Ich habe versucht, die Pansoti mit Kräutern herzustellen, die denen im *preboggion* ähneln. Wenn auch nicht alle wild wachsen, so haben sie doch etwa deren Charakter. Es sind *spinaci*, *erbette*, *insalata catalogna*, *borragine*, *erba di finocchio*, *bietola*, *cicoria*.

Für die Füllung nehme ich jungen Spinat, jungen Mangold, Borretsch, Fenchelkraut, wilden Dill, jungen Löwenzahn, Kapuzinerkresse, auch Schnittlauch oder das Grüne von Schalotten, Olivenöl, Ricotta, Ei und Parmesan sowie Salz, Pfeffer und Muskatnuß.

Die Kräuter- und Gemüsesorten koche ich dann kurz in wenig Wasser, drücke gut die Flüssigkeit heraus (Abtropfen allein genügt nicht) und schneide sie nach dem Erkalten klein. In einer Schüssel vermische ich sie dann mit einem Ei, geriebenem Parmesan nach Bedarf, etwa 150 g Ricotta und verrühre alles zu einem Brei, den ich durch die Zugabe des Olivenöls cremig schlage. Mit Salz, Pfeffer und Muskatnuß schmecke ich ab, und wer will, kann eine durchgepreßte Knoblauchzehe unterrühren.
Manchmal gebe ich auch einen Löffel von der Nußpaste in die Füllmasse.

Für den Pastateig

400 g Hartweizenmehl
Salz
Wasser
und einen kleinen Schuß Weißwein

Ich siebe die gesamte Menge des Mehls auf ein großes Holzbrett, drücke in die Mitte eine Vertiefung ein, zerstreue das Salz und gebe die Flüssigkeit hinein. Jetzt verarbeite ich alles zu einem Teig, den ich etwa 10 Minuten lang knete. Nach dieser Zeit müßte er schön glatt sein. Ich teile ihn dann in zwei Hälften, bestäube ihn leicht mit Mehl und beginne damit, eine Hälfte nach der anderen papierdünn auszurollen.
Mit Hilfe einer Nudelmaschine kann man sich diese Arbeit erleichtern. Nachdem der Teig in zwei Teile geteilt ist, werden die Stücke nacheinander durch die Maschine gedreht (zur Einstellung der Kerben achtet man am besten auf die Anleitung der jeweiligen Pastamaschine), bis man bei der engsten Kerbeneinstellung angelangt ist. Zu diesem Zeitpunkt sollte die Teigplatte etwa

1½ mm dünn sein. Danach legt man zwei gleich große Teigstücke nebeneinander auf den Tisch und verteilt die zuvor gerührte Füllung in engen regelmäßigen Abständen. Wenn man wenig Übung in der Zubereitung von Teigtaschen hat, kann man sich eines Hilfsmittels bedienen. Nachdem die Füllung verteilt wurde, taucht man einen Pinsel (man kann auch den Zeigefinger benutzen) in eine Wasserschale und zieht dann gerade Linien in den Zwischenabständen. Diese so benetzten Linien wirken als Bindemittel.
Nun legt man schnell das zweite Teigstück der gleichen Größe obenauf und drückt es zwischen der Füllung ein. Somit sind die Pansotitaschen gebildet, und man braucht nur noch mit einem Teigrädchen die gewünschte Form auszuradeln. Es genügt aber ebensogut ein Likörglas, wenn man ein solches Raviolirädchen nicht besitzt, oder aber auch ganz einfach ein Messer, mit dem man den Teig voneinander trennt.
Danach müssen die Pansoti 1–2 Stunden auf einem Küchenhandtuch ruhen. In der Zwischenzeit bereite ich die Nußsoße vor.
Dazu benötige ich etwa 150 g Walnüsse (ohne Schale gewogen), 50 g Pinienkerne, eine kleingeschnittene Knoblauchzehe, etwas Olivenöl und Parmesan.
Wenn ich einen Mörser zur Hand habe, zerstoße ich die Nüsse mit den Pinienkernen und gebe dann den schon zerkleinerten Knoblauch hinzu. Ohne Mörser sollte alles sehr fein gehackt und mit dem Öl vermischt werden. Wer einen Eßlöffel für die Füllung abnehmen möchte, sollte es vor dem Unterrühren des geriebenen Parmesan tun und muß natürlich die Nußsoße vorher bereiten. Mit Salz und Pfeffer schmecke ich ab, nachdem die Soße nochmals kräftig gerührt wurde.
Die Pansoti können in Fleischbrühe oder Salzwasser gekocht werden. Ab und zu muß mit dem Holzlöffel umgerührt werden, aber sehr vorsichtig, sonst öffnen sich die Teigtaschen und die Füllung schwimmt in der Brühe. Nach einer Kochzeit von 8–15 Minuten (abhängig von der Größe) sind die Pansoti „al dente", und ich nehme sie vorsichtig mit einem Schaumlöffel aus dem Wasser. Abgetropft schütte ich sie in eine Schüssel und vermische sie sofort mit einem Löffel Nußsoße. Die restliche Soße verrühre ich mit dem restlichen Parmesan, und reiche sie bei Tisch. Nach Wunsch kann man noch etwas zerlaufene Butter über die Nudeln schütten.

PASTA „CIUCCA“

Für dieses sehr ungewöhnliche Rezept eignen sich
am besten die kurzen Nudelsorten,
wie *Penne*, *Rigatoni*, *Orecchiette*, *Lumache*, *Fusilli* oder *Farfalle*

Zutaten für 4 Personen

500 g Pasta, 175 g Pancetta
75–100 g gekochter Schinken
1 große Zwiebel oder mehrere Schalotten
3–4 Eßl. Olivenöl, 1–2 Teel. Butter
etwa 3/4 l herber Weißwein, etwa 3/4 l Fleischbrühe
Pfeffer, wenig Salz, Muskatnuß
geriebener Parmesan

Die Zubereitung dieses Nudelgerichtes fällt völlig aus dem Rahmen der uns bekannten und herkömmlichen Rezepte. Vielleicht ist sein Ursprung in Ligurien zu suchen. Dort jedenfalls hat es eine Freundin zum erstenmal gegessen, und ich wiederum habe dieses Gericht erstmals bei ihr in Mariano Comense, es liegt zwischen Mailand und Como, also in der Region Brianza, ausprobieren können. Da in Brianza und überhaupt in der Lombardei mehr Reis verwendet wird und dieses Rezept in der Zubereitung viel von einem *Risotto* hat, läge es für mich nahe, daß es seinen Ursprung in eben jener Gegend gehabt hat. Aber wie dem auch sei, ich finde es köstlich.
Bevor ich die Zwiebel, die Pancetta und den gekochten Schinken in kleine Würfel schneide, bereite ich ein Fleischbrühe zu (auch aus Fleischextrakt oder Knochen) und fülle sie mit dem Wein auf. Beides muß kurz zum Kochen kommen und dann bei kleiner Flamme heiß gehalten werden. In einen ausreichend großen Topf schütte ich das Öl und laß es ganz kurz bei großer Flamme erhitzen. Danach gebe ich die Butter zu und sofort die Zwiebeln, die einige Minuten gedünstet werden. Die Speck- und Schinkenwürfel füge ich bei, nachdem die Zwiebel eine schöne hellbraune Farbe angenommen hat. Alles zusammen dünste ich noch einige Minuten bei geschlossenem Deckel, denn der Schinkenspeck darf nicht anbraten, er muß schön saftig bleiben. Dann schütte ich ein Pfund Pasta in den Topf und beginne fleißig zu rühren, und zwar mit einem Löffel aus Holz. Schöpflöffelweise gebe ich nun die vorbereitete Flüssigkeit zu den Nudeln. Nachdem ich etwa die Hälfte der Brühe aufgebraucht habe, merke ich,wie die Nudeln schön sämig geworden sind. Das ist genau der Effekt, den ich erreichen will. Wenn die Nudeln fertig sind, das heißt, alle Flüssigkeit aufgebraucht ist, sollten sie so aussehen, als habe man eine Béchamelsoße darübergegossen. Reicht die Brühe nicht aus, kann man entweder noch einen Schuß Wein oder etwas Wasser zugießen. Ganz zum Schluß rühre ich den Parmesan unter und schmecke mit geriebener Muskatnuß und frisch gemahlenem Pfeffer ab. Mit Salzen muß man sehr vorsichtig sein, da der Bauchspeck meist recht salzig ist.

Pasta fatta in casa „al burro“

HAUSGEMACHTE NUDELN MIT BUTTER

500 g Hartweizenmehl
10 g Salz
8 Eier
1 Teel. Weinessig
Butter zum Anrichten
eventuell Semmelbrösel und Pfeffer
sowie Parmesan oder Pecorino

Das Mehl siebe ich auf ein großes Holzbrett oder auch in eine große Backschüssel. In die Mitte drücke ich eine Vertiefung und schlage die Eier hinein. Das Salz und den Essig füge ich hinzu, wenn die Eier mit dem Mehl leicht verrührt sind. Dann verarbeite ich alles zu einem Teig und knete ihn etwa 8 Minuten kräftig durch. In ein Küchenhandtuch gewickelt lasse ich den Teig ungefähr eine Stunde ruhen.

Den in eigroße Stücke geteilten Teig rolle ich danach auf einem bemehlten Brett etwa 2 mm dick aus und hänge die Teigplatten über eine Leine oder über Stuhllehnen zum Trocknen auf. Wenn etwas Zugluft herrscht, kann ich schon nach einer halben Stunde den Teig zu Nudeln verarbeiten. Ich nehme nacheinander die Teigplatten, bemehle sie leicht und rolle sie auf. Nachdem ich sie in 2 mm breite Streifen geschnitten habe, lasse ich sie vor dem Kochen noch einige Minuten ausgebreitet auf dem Tisch liegen.

In der Zwischenzeit bringe ich 2 Liter Salzwasser zum Kochen, gebe die Nudeln hinein, und nach etwa 8 Minuten schütte ich sie in ein Sieb zum Abtropfen. In einer ausreichend großen Pfanne schmelze ich die Butter und lasse sie leicht braun werden. Die Semmelbrösel (wem das schmeckt) können jetzt zu der flüssigen Butter gegeben werden. Die Nudeln werden kurz durchgeschwenkt und mit Parmesan oder Pecorino sowie frisch gemahlenem Pfeffer serviert.

Ein Wörtchen zum Knoblauch von Pellegrino Artusi

„Die Römer gaben ihren Kranken Knoblauch zu essen, damit sie gesunden sollten, König Alfons von Kastilien dagegen haßte es derart, daß er für jene eine Strafe verhängte, die aus dem Munde nach Knoblauch riechend bei Hofe erschienen. Die klügeren Ägypter verehrten den Knoblauch in Gestalt einer Gottheit, weil sie vielleicht seine Heilkräfte erkannt hatten, und es heißt ja, daß Knoblauch wahrhaftig Hysteriker besänftigt, urintreibend wirkt, den Magen stärkt, die Verdauung fördert, und da er auch ein Wurmmittel ist, dient er angeblich der Verhütung von Cholera und ähnlichen Krankheiten. Jedoch sollte man darauf achten, daß man ihn in dem *soffritto* (siehe Seite 144) nicht zu stark anbräunen läßt, da er sonst einen viel zu bitteren Geschmack abgibt. Es gibt viele Menschen, die wenig vom Kochen verstehen und vor Knoblauch einen Horror haben, nur weil der Atem danach riecht, wenn man ihn roh oder schlecht zubereitet gegessen hat. Sie verbannen ihn in der Tat aus ihrer Küche; aber diese fixe Idee beraubt sie eines gesunden und schmackhaften Essens, wie der folgenden *Minestra*, die mir meinen Magen oftmals in Ordnung bringt, wenn er mir Schwierigkeiten macht.
Nehmt zwei Knoblauchzehen, ein bißchen Petersilie und, wer es mag, ein wenig Basilikum und zerkleinert alles; gebt es in reichlich Öl aufs Feuer und, sobald der Knoblauch anfängt, braun zu werden, werft sechs oder sieben kleingeschnittene Tomaten hinein, gewürzt mit Salz und Pfeffer. Wenn sie gar sind, passiert den Sugo durch, der für etwa vier oder fünf Personen reichen müßte, und mit demselben verrührt den geriebenen Parmesan und richtet damit die Spaghetti an oder auch Vermicelli, aber denkt daran, sie kurz, doch in viel Wasser zu kochen, und bringt sie sofort auf den Tisch, um ihnen keine Zeit zu lassen, den Sugo aufzusaugen, so bleiben sie saftig.
Auch Tagliatelle sind so angerichtet besonders gut."*

* Aus „L'arte di mangiar bene", 102. Auflage, Seite 108, von Pellegrino Artusi

SPAGHETTI CON LE ACCIUGHE

SPAGHETTI MIT SARDELLEN

Pro Person

100 g Spaghetti
Salz
10 kleine Sardellenfilets
3 Knoblauchzehen
5 Eßl. Olivenöl
Pfeffer
2 Eßl. kleingehackte Petersilie

Ausreichend Salzwasser zum Kochen bringen. Zwischenzeitlich schneide ich die Sardellen klein, erhitze das Öl und röste die Knoblauchzehen darin goldgelb an. Durch leichtes Aufdrücken mit einer Gabel erreiche ich, daß das Aroma des Knoblauchs in das Öl übergeht. Danach werfe ich die Nudeln in das kochende Wasser, rühre ab und zu mit einer Holzgabel um und lasse sie „al dente" werden. Wer den Knoblauch nicht mitessen möchte, kann ihn jetzt aus der Pfanne nehmen. Ich gebe die Sardellen hinzu, löse mit der Gabel die Sardellenstückchen voneinander und verrühre sie leicht mit dem Öl. Nun sind die Spaghetti gar und werden auf ein Sieb zum Abtropfen geschüttet. Sofort fülle ich sie um in eine vorgewärmte Schüssel, gebe die Sardellen, frisch gemahlenen Pfeffer und die Petersilie hinzu, hebe alles vorsichtig durch und serviere es sogleich.
Dieses Gericht kann auch kalt zubereitet werden. Der Knoblauch und die Sardellen werden fein gehackt, mit dem Olivenöl und der Petersilie vermischt, mit Pfeffer abgeschmeckt und über die heißen Nudeln geschüttet.

MACCHERONI ALLA CHITARRA COL SUGO ABRUZZESE

MACCHERONI MIT EINER SEHR PIKANTEN SOSSE AUS DEN ABRUZZEN

Die Maccheroni aus den Abruzzen haben keine Ähnlichkeit mit den bekannten „Lochnudeln", die industriell hergestellt werden, sondern sind immer selbstgemacht. Man benötigt dazu einen Holzrahmen, auf dem eng nebeneinander Eisendrähte gespannt sind. Es ist gar nicht nötig, sich so etwas selbst anzufertigen, da solche Holzrahmen in Italien heute noch hergestellt werden. Ich habe mir bei einem Aufenthalt in den Abruzzen einen Rahmen dieser Art mitgebracht, und seine Handhabung ist wirklich einfach.

Für den Teig

400 g Hartweizenmehl
etwas Salz
und vier Eier

Gesiebtes Mehl vermenge ich mit den Eiern und dem Salz, bevor ich alles kräftig zu einem glatten Teig verarbeite. Für ca. eine Stunde lasse ich den Teig ruhen und rolle ihn danach, aufgeteilt in mehrere Stücke, zwei bis drei Millimeter dünn aus. Diese Teigplatten sollten die Größe des Holzrahmens beziehungsweise der Bespannung haben. (Geht das nicht, muß der von der Seite abfallende Teig immer wieder zusammengeknetet und neu ausgerollt werden). Nachdem ich die Teigstücke zum Trocknen irgendwo aufgehängt hatte, lege ich sie nacheinander auf die Drahtbespannung und drücke mit einem Nudelholz den Teig durch die Drähte. Unten liegen dann die fertigen Nudeln, die ich sofort auf einem Tuch zum Trocknen ausbreite.

Für die Soße

500–600 g reife Tomaten
5 Eßl. Olivenöl
1 Zwiebel
2 Knoblauchzehen
Petersilie
Sellerieblätter und frische Minze
3–4 Peperoncini (Pfefferschoten),
manchem reicht vielleicht auch eine
etwas Fleischbrühe
Salz
Parmesan und Pecorino

Die kleingeschnittenen Tomaten koche ich zuerst in wenig Wasser weich und presse sie durch. Das kann man mit einem Sieb machen, einfacher jedoch sind die Passiermühlen. Die Zwiebel schneide ich in kleine Würfel und röste sie im

heißen Öl hellgelb an. Zwischenzeitlich hacke ich die gewaschenen und gut abgetrockneten Kräuter klein und gebe sie zusammen mit dem Tomatenbrei zu den Zwiebeln. Hinzu füge ich dann die Fleischbrühe, salze das Ganze und gebe auch schon die Peperoncini in die Soße. Die Knoblauchzehen presse ich durch, vermische sie mit Salz, rühre sie aber erst zum Schluß unter.
Während der Sugo langsam vor sich hin köchelt, setze ich einen ausreichend großen Topf mit Wasser auf, salze und koche meine selbstgemachten Nudeln darin, bis sie „al dente“ sind. Jetzt reibe ich die beiden Käsesorten, verrühre sie mit dem Knoblauch und dem Sugo und vermische einen Teil mit den abgetropften Maccheroni. Wenn es möglich ist, fische ich die Peperoncini vorher heraus, denn sie sind für unsere Gaumen nicht die wahre Freude. Erwischt man zufällig eines dieser feurigen Schötchen, schmeckt man wenig von allen anderen Zutaten; ich möchte fast sagen, man schmeckt nur noch Pfeffer. Den restlichen Käse und die andere Hälfte der Soße reiche ich bei Tisch dazu.

BUCATINI ALLA CARBONARA

DICKE SPAGHETTI MIT SCHINKEN- UND EIERSOSSE

Für 4 Personen

500 g Bucatini, Salz
etwa 150 g Pancetta oder Guanciale
2 Eßl. Olivenöl
1 Eßl. Butter
4 Eier
50 g Parmesan
und 50 g Pecorino
viel Pfeffer

Die Nudeln in reichlich Salzwasser kochen.
In einer großen Schüssel schlage ich die Eier auf, verquirle sie mit einer Gabel, verrühre sie mit den Käsesorten und würze mit sehr viel frisch gemahlenem Pfeffer. In einer Pfanne erhitze ich dann die Fette und bräune darin den kleingewürfelten Schinkenspeck an. Wenn die Bucatini „al dente" sind, schütte ich sie in ein Sieb, lasse aber nur ganz kurz abtropfen und vermische sie sofort mit der Ei-Käse-Masse. Obenauf verteile ich den Pfanneninhalt und verrühre alles rasch miteinander. Da die Nudeln kochend heiß sind, stocken die Eier sofort, sie dürfen aber nicht flockig werden.
Wer dieses Gericht mit Sahne bereichern will, sollte die Eier vorher damit vermischen und erst dann über die Pasta schütten.
Mit Salz muß man vorsichtig sein, da der Schinkenspeck meist salzig ist. Wenn nötig, erst am Tisch nachsalzen.

Bavette con melanzane

BAVETTE MIT AUBERGINEN

Für 4 Personen

500 g Bavette
Bucatini oder Lasagnette
4 mittelgroße bis dicke Auberginen
Fleischbrühe
2 Knoblauchzehen, Salz
5 Eßl. Olivenöl
sehr viel Petersilie
Pfeffer
Parmesan und Pecorino

Die Auberginen wasche ich ganz kurz unter fließendem Wasser ab, entferne nur den Stielansatz und koche sie unzerkleinert in Salzwasser etwa 5–7 Minuten, je nach Dicke länger. Danach hole ich sie mit einem Schaumlöffel aus dem Wasser und lasse sie erkalten. Das Salzwasser bewahre ich zum Kochen der Nudeln auf. Die Knoblauchzehen schneide ich klein und drücke sie mit Salz leicht breiig; die Petersilie zerkleinere ich mit dem Wiegemesser und lasse beides abgedeckt stehen. In der Zwischenzeit sind die Auberginen abgekühlt, und ich schneide sie in Würfel. Man kann sie auch pürieren. Das Olivenöl erhitze ich nun in einem ausreichend großen Topf, füge den Knoblauch zu und lasse ihn kurz anrösten, aber nicht zu dunkel werden. Dann schütte ich die Auberginen zu, verrühre etwas von der Petersilie, und bei größerer Flamme lasse ich alles bei offenem Topf eine Minute anziehen. Sofort schütte ich die Fleischbrühe zu und reduziere die Hitze, schließe den Topf, und für etwa 10 Minuten dünstet das Ganze. Vielleicht muß nach und nach etwas von der Fleischbrühe zugegossen werden. In der Zwischenzeit setze ich das Gemüsewasser für die Nudeln auf und koche sie „al dente". Kurz vor dem Anrichten rühre ich die restliche Petersilie unter die Auberginen, gebe die geriebenen Käsesorten zu und hebe alles unter die abgetropften Nudeln. Sofort servieren und bei Tisch mit frisch gemahlenem Pfeffer abschmecken.

Fettuccine
con fegatini di pollo

BANDNUDELN MIT HÄHNCHENLEBER

Für die selbstgemachten Fettuccine nimmt man

400 g Hartweizenmehl
4 Eier, Salz
und wenn nötig etwas warmes Wasser

Für die Soße

200 g Hähnchenleber
1 dicke Zwiebel
50 g Butter und 2 Eßl. Olivenöl
100 g frische Pilze
1 Schuß Weißwein und 1 Schuß Marsala
Salz, Pfeffer
Petersilie
Parmesan

Den Teig aus den angegebenen Zutaten bereiten und ihn für eine Stunde ruhen lassen. Danach dünn ausrollen und bis zur Weiterverarbeitung zum Trocknen aufhängen. Dann wird die Teigplatte zusammengerollt und mit einem Messer in 5–6 mm breite Stücke geschnitten. Diese zieht man auseinander und läßt sie bis zum Kochen auf Küchenhandtüchern trocknen.
Für die Soße bereite ich die Leber vor, indem ich sie reinige und in kleine Stücke schneide. Das gleiche mache ich mit den Pilzen, sie sollten möglichst nicht gewaschen werden, und schneide sie in Scheibchen. Butter und Öl lasse ich in einer größeren Pfanne schmelzen und bräune darin die kleingewürfelte Zwiebel an. Dann rühre ich die Pilze hinzu und dünste sie einige Minuten, bevor die Hähnchenleber untergemischt wird, und bei stärkerer Flamme lasse ich alles höchstens eine Minute anbraten. Mit dem Alkohol lösche ich ab, würze mit Salz und Pfeffer und gebe zum Schluß die kleingehackte Petersilie dazu. Zugedeckt bleibt der Sugo bei kleiner Hitze fünf Minuten köchelnd stehen. Vielleicht muß man nach und nach etwas Brühe aufgießen. Zwischenzeitlich koche ich die Fettuccine „al dente“, lasse sie nur ganz kurz abtropfen und vermische sie sofort mit der Soße. Geriebenen Käse rühre ich zur Hälfte unter, und den Rest serviere ich bei Tisch.

Variation: Anstelle des Weißweins und des Marsala kann man Tomatensoße zugießen. Oder aber, für die, die es gerne sahnig haben, Weißwein alleine verwenden und danach, kurz vor dem Anrichten, Sahne unterrühren.

VERMICELLI CON LE VONGOLE IN BIANCO

DÜNNE NUDELN MIT KLEINEN MUSCHELN IN WEISSER SOSSE

500 g Vermicelli
1 kg Muscheln
1 dl Olivenöl
2 dicke Knoblauchzehen
1 Peperoncino
2–3 Eßl. gehackte Petersilie
Salz, Pfeffer

Die Muscheln wasche ich zuerst unter fließendem Wasser ab, gegebenenfalls bürste ich sie auch, wenn sie sehr sandig sind. In einem genügend großen Topf erhitze ich 1 Eßlöffel Öl und dünste die Muscheln darin, bis sie sich geöffnet haben. Danach lassen sie sich aus den Schalen lösen. Die Muschelflüssigkeit durchfiltern, damit eventueller Sand zurückbleibt. Das restliche Öl erhitze ich jetzt in dem selben Topf und bräune ganz leicht den Knoblauch darin an. Mit der Flüssigkeit fülle ich auf, gebe Salz und Peperoncino hinzu und lasse das Ganze einige Minuten einkochen. Unterdessen koche ich die Vermicelli „al dente". Die Muscheln und die Petersilie füge ich nun zu der eingekochten Flüssigkeit und vermische sie mit den gut abgetropften Nudeln. Ganz kurz auf der Flamme lassen, damit sie etwas von dem Sud der Muscheln aufsaugen. Sofort auf vorgewärmten Tellern anrichten.
Wer sich die Arbeit mit den frischen Muscheln ersparen will, kann auf die Glaskonserven zurückgreifen.

PENNE AI QUATTRO FORMAGGI

KURZE NUDELN MIT VIER KÄSESORTEN

Für dieses Gericht kann man auch *Rigatoni, Maccheroni, Mezze Zite* oder *Perciatelli* verwenden.

Für 4 Personen

500 g Penne
100 g Butter
je 50 g Parmesan,
Holländischer Käse,
Greyerzer Käse (Gruyère),
Fontina oder Provolone
Petersilie, Salz, Pfeffer

Alle Käsesorten reibe ich nacheinander und bringe für die Nudeln in einem ausreichend großen Topf Salzwasser zum Kochen. In der Zwischenzeit erhitze ich die Butter in einer großen Pfanne, verrühre sie mit dem Käse und füge 1–2 Eßlöffel des Kochwassers zu, wenn mir die Masse zu dick erscheint. Die Petersilie, sehr fein geschnitten, und den frisch gemahlenen Pfeffer rühre ich erst unter, nachdem die Nudeln gar sind und sofort abgetropft zu dem Käse gegeben werden können. In dem Moment, in dem die Nudeln Fäden ziehen, serviere ich auf vorgewärmten Tellern.

Fusilli al caviale

LANGE, GEKRÄUSELTE NUDELN MIT KAVIAR

Für 4 Personen

400 g Fusilli
60 g Butter
60 g Kaviar
einige Zitronensaftspritzer
Salz und Pfeffer

Zum Kochen der Nudeln setze ich gleich das Salzwasser auf, denn für die Zubereitung der Soße braucht man nicht lange. Die Schüssel, in der die Nudeln auch angerichtet werden, stelle ich ins Wasserbad und schmelze die Butter darin. Kurz bevor die Fusilli „al dente" sind, rühre ich 2–3 Teelöffel des Kochwassers zu der Butter und schlage kräftig durch. Dann füge ich den Kaviar hinzu. Wer sich das auf diese Weise nicht zutraut, kann die Flüssigkeit in einem Töpfchen erhitzen und unter ständigem Rühren die kalte Butter zugeben. Die Nudeln schütte ich auf ein Sieb, lasse sie gut abtropfen und rühre sie sofort unter die Kaviarbutter. Mit Salz und Pfeffer abschmecken.

Eine Variante: Die Butter in einer großen Pfanne schmelzen und 1 dl süße Sahne zugeben. Kurz aufkochen lassen, mit Salz und Pfeffer abschmecken, den Kaviar und die Nudeln unterrühren.

TAGLIERINI AL SALMONE

SCHMALE BANDNUDELN MIT LACHS

Anstelle der Taglierini können ersatzweise auch *Tagliolini, Spaghettini* oder *Vermicelli* verwendet werden

Für 4 Personen

500 g Taglierini
200 g geräucherter Lachs
und ein kleines Stück frischer Lachs
1/8 l süße Sahne
Salz, Pfeffer, Butter

Den frischen Lachs koche ich zuerst in Wasser gar und hebe die Flüssigkeit auf. Gleichzeitig setze ich das Salzwasser für die Nudeln auf. Den gekochten Lachs drücke ich mit einer Gabel breiig, und den geräucherten schneide ich in ganz kleine Stückchen. Die Fischbrühe lasse ich einige Minuten kochen, bevor ich die Sahne zugieße und weitere Minuten (5–8) bei kleiner Flamme köcheln lasse. Zwischenzeitlich habe ich die Nudeln in den Topf gegeben und achte darauf, daß sie „al dente“ bleiben.
Nachdem die Sahne etwas eingedickt ist, füge ich beide Lachssorten zu und sofort danach ein großes Stück eiskalte Butter, das ich kräftig unter die Masse schlage. Mit Salz und Pfeffer abschmecken und über die fertigen Nudeln gießen. Kurz und vorsichtig unter die Taglierini heben und schnell servieren.

Tagliatelle con la salsiccia

BANDNUDELN MIT SCHWEINSWURST

Für 4 Personen

500 g Tagliatelle
300 g Luganega (Schweinsbratwürste)
1 dicke Zwiebel
1 Glas Weißwein, herb und kräftig im Geschmack
2 Eßl. Tomatenmark
50 g Butter oder Olivenöl
30 g getrocknete Pilze
2 Lorbeerblätter
1 große Karotte
1 Stück Stangensellerie
Petersilie, wenn möglich die großblättrige
Salz, Pfeffer, Muskatnuß

Zuerst lege ich die getrockneten Pilze in lauwarmes Wasser. Dann erhitze ich die Butter oder das Öl, dünste darin die kleingeschnittene Zwiebel hellgelb an und füge die in dünne Scheiben geschnittene Karotte sowie den Sellerie und die Lorbeerblätter hinzu. Zugedeckt lasse ich alles einige Minuten dünsten. Zwischenzeitlich hacke ich die Petersilie und stelle sie abgedeckt an die Seite. Die Schweinswurst kauft man in Italien am Meter, sie sind an den Enden immer offen und lassen sich gut ausdrücken. Unsere Schweinsbratwürste schneide ich an der Seite auf und drücke den Inhalt in kleinen Bällchen aus dem Darm zu dem Gemüse, rühre mehrmals um und füge die Pilze hinzu. Bei stärkerer Flamme erreiche ich, daß die Wurst ein wenig anbräunt, und unter Rühren lösche ich dann mit dem Weißwein ab. Jetzt reduziere ich die Hitze wieder und rühre das Tomatenmark ein. Mit Salz und Pfeffer schmecke ich ab und lasse das Ganze etwa eine Stunde zugedeckt köcheln. Ab und zu muß ich schon mal umrühren und gegebenenfalls auch etwas Flüssigkeit (Fleischbrühe oder Wasser) nachgießen. Manchmal verwende ich auch anstatt des Tomatenmarks Tomaten aus der Dose *(Pelati)*, dann benutze ich zum Aufgießen den Tomatensaft.
Rechtzeitig setze ich das Salzwasser für die Tagliatelle auf und koche sie „al dente“. Die Hälfte der Soße schütte ich über die abgetropften Nudeln und überstreue Petersilie und Parmesan kurz vor dem Anrichten. Die restliche Soße und den Käse stelle ich auf den Tisch und würze noch mit Pfeffer und wenig Muskatnuß.

Trenette con la polpa di oliva

TRENETTE MIT OLIVEN

Für 4 Personen

500 g Trenette
1 kleines Glas polpa di oliva oder
1 kleines Glas pâté di oliva oder
250 g frische, kleine schwarze Oliven aus Ligurien
1 Knoblauchzehe
Olivenöl
Salz, Pfeffer

Dieses Gericht habe ich erstmals in Ligurien gegessen. Mittlerweile habe ich es etliche Male ausprobiert und zwar auf verschiedene Weise. In Deutschland finde ich jedoch nicht die kleinen, aromatischen schwarzen Oliven aus Ligurien. Seitdem ich festgestellt habe, daß man in Italien immer dort, wo es Olivenbäume gibt und Öl gepreßt wird, auch Olivencreme oder Olivenfleisch eingelegt kaufen kann, mache ich mir jetzt überhaupt keine Gedanken mehr und bringe mir beides in Gläsern mit.

Natürlich läßt sich dieses Gericht auch mit anderen Oliven gut zubereiten. Die Oliven muß ich zuerst entkernen, kleinschneiden und entweder durch eine Presse drücken oder einfach nur mit der Gabel zerquetschen. Mit einem größeren Wiegemesser geht das auch sehr gut. Dazu rühre ich dann langsam das Olivenöl, bis eine cremige Masse entsteht. Mit frisch gemahlenem Pfeffer und durchgepreßtem Knoblauch schmecke ich die Paste ab und lasse sie durchziehen, bis die Nudeln „al dente“ gekocht sind. Die abgetropften Trenette schütte ich in eine Schüssel, gebe löffelweise die Olivenpaste dazu und hebe sie unter die Nudeln. Sofort auf den Tisch bringen.

Anstatt des Olivenöls kann man auch Sahne zu den passierten Oliven rühren.

Pizzocheri

SELBSTGEMACHTE NUDELN AUS BUCHWEIZENMEHL

Für 4 Personen

300 g Buchweizenmehl
120 g Hartweizenmehl
4 Eier
1 kleines Glas Milch, warmes Wasser
200 g Kartoffeln
120 g Wirsing
etwas Spinat oder Mangold
150 g Fontinakäse, Butter
Knoblauch
Salbei, Pfeffer, Salz
Parmesan

Beide Mehlsorten siebe ich auf ein Holzbrett, mache in der Mitte eine Vertiefung und schlage die Eier hinein. Eine Prise Salz, etwas Milch und warmes Wasser verrühre ich mit den Eiern und knete alles zu einem lockeren, geschmeidigen Teig zusammen. Danach rolle ich ihn 3–4 mm dick aus und schneide mit einem Messer Streifen von 1½ cm Breite und 5–6 cm Länge. Die Pizzocheri lasse ich auf einem bemehlten Handtuch trocknen. Jetzt schäle ich die Kartoffeln und schneide sie in kleine Stücke. Zusammen mit dem zerkleinerten Wirsing, dem Spinat oder Mangold koche ich sie in ausreichend Salzwasser. Nachdem sie halb gar sind, gebe ich die Nudeln dazu und rühre vorsichtig mit einer Holzgabel um. Zwischenzeitlich erhitze ich die Butter, füge die Salbeiblätter und den zerkleinerten Knoblauch dazu und lasse ihn hellgelb anbräunen. Danach teile ich den Käse in kleine Stücke, gebe ihn lageweise mit Nudeln, Kartoffeln und Gemüse, die ich mit einem Schaumlöffel aus dem Kochwasser hole, in eine große Terrine. Zwischendurch reibe ich den Parmesan und mahle den Pfeffer auf die einzelnen Schichten. Zum Schluß schütte ich die zerlassene Butter mit dem Knoblauch und dem Salbei darüber und obenauf eine Lage Parmesan. Meistens serviere ich die Pizzocheri sofort, man kann aber auch alles in eine Auflaufform füllen und noch mal kurz zum Überbacken in den Ofen schieben.

Tortiglioni con carciofi

KURZE RÖHRENNUDELN
MIT ARTISCHOCKEN

Für 4 Personen

500 g Tortiglioni
oder auch Maccheroncini
7–8 Artischocken, Zitronensaft
5 Eßl. Olivenöl
2 Knoblauchzehen
Salz, Pfeffer
Petersilie, Parmesan

Für dieses Gericht suche ich mir nach Möglichkeit die kleinen Artischocken aus. Die gewaschenen und geputzten Artischocken schneide ich in Scheiben und lege sie in eine Schüssel mit Zitronensaft, bis ich sie weiterverwende. Das Öl erhitze ich in einem ausreichend großen Topf, und je nach Geschmack verwende ich gepreßte oder ganze Knoblauchzehen. Wenn ich sie durchpresse, mische ich Salz unter und lasse sie einige Minuten stehen. Dann rühre ich den Knoblauch in das Öl und achte darauf, daß er nicht zu braun wird. Die Artischocken trockne ich leicht ab und gebe sie in den Topf. Bei größerer Flamme bräune ich sie ganz kurz an und reduziere dann die Hitze sofort. Eine gute halbe Stunde dünsten lassen und zwischenzeitlich etwas Flüssigkeit nachgießen. Danach die Nudeln „al dente" kochen, kurz durchschütteln und zu den Artischocken geben. Jetzt rühre ich einige Male vorsichtig um, füge die kleingeschnittene Petersilie zu und einige Löffel des geriebenen Parmesan und fülle alles in eine vorgewärmte Terrine um. Mit frisch gemahlenem Pfeffer und Salz schmecke ich ab und stelle den restlichen Parmesan auf den Tisch.

Variationen: Man kann für die Soße Kapern und 2 Anchovis mitverwenden. Oder die Artischocken kochen, durchpassieren, mit Öl und Knoblauch kalt verrühren und über die heißen Nudeln schütten. Dazu passen sehr gut auch kleingewürfelte Tomaten, die mit frischen Kräutern angemacht werden können. Die Flüssigkeit, die die Tomaten häufig ziehen, sollte man aber unbedingt wegschütten. Kurz bevor die Nudeln gar sind, vermischt man die Tomaten mit dem Artischockenpüree und gießt es sofort über die Pasta.

PASTA CON LE SARDE

NUDELN MIT SARDINEN

Für 4 Personen

500 g Bucatini oder Spaghettoni
400 g Sardinen
400 g junger, wildwachsender Fenchel
1 dl Olivenöl
3–4 Anchovis
30 g Korinthen
30 g Pinienkerne
und 2 dicke Knoblauchzehen
1 Zwiebel
Salz, Pfeffer, Safran
etwas Mehl

Bei uns wird es schwer sein, den wild gewachsenen Fenchel zu bekommen. Ich bringe ihn mir aus Italien oftmals als Konserve mit und mische mit dem Fenchelkraut, das ich vorher einfach in Salzwasser koche.
Die Korinthen weiche ich in warmem Wasser ein, und die Pinienkerne röste ich unzerkleinert mit dem Knoblauch hellgelb an. Die kleingeschnittene Zwiebel dünste ich in vier Löffel Olivenöl in einer Pfanne, gebe die abgewaschenen Anchovis hinzu und drücke sie mit einer Gabel auseinander. Unter Rühren bei kleiner Flamme verbinden sich die Anchovis mit den Zwiebeln zu einer Soße, und danach kann ich die Pinienkerne mit dem Knoblauch sowie die Korinthen damit vermischen. Verwende ich frischen Fenchel, muß ich ihn jetzt in leicht gesalzenem Wasser kochen, das ich für die Nudeln aufhebe. Frische Sardinen zu verwenden, macht einige Arbeit. Sie müssen erst gereinigt und dann ganz schnell in heißem Öl gebacken werden. Dazu bestäube ich sie leicht mit Mehl und benutze das übriggebliebene Olivenöl, dem ich den Safran unterrühre. Die Sardinen salze ich leicht und koche jetzt die Nudeln in dem Fenchelwasser „al dente“. Zum Anrichten benötigt man eine große Schüssel. Zuerst kommen die abgetropften Nudeln hinein, dann die Anchovissoße. Beides rühre ich vorsichtig durch. Danach füge ich den Fenchel und die Sardinen hinzu und ein letztes Mal hebe ich sehr behutsam alles untereinander. Sicher zerfallen die Sardinen leicht, und man sollte nicht so kräftig rühren, damit die Zutaten noch alle zu erkennen sind. Vor dem Servieren mahle ich noch den Pfeffer darüber, und wenn das Nudelgericht etwas zu trocken ist, gebe ich von dem Kochwasser zwei Eßlöffel zu.

Maccheroncini con le seppie alla pescatrice

Maccheroncini mit Tintenfischen nach Fischerinnenart

Für 4 Personen

500 g Maccheroncini
500 g kleine Tintenfische
2 Knoblauchzehen
Salz
1 große Aubergine oder 2 kleine
300 g frische Tomaten
Olivenöl
Weißwein
$^{1}/_{2}$ l Fischsud
Petersilie, Salz, Peperoncino

Beim Kauf der Tintenfische frage ich auch nach Fischresten, aus denen ich einen Sud koche. Ich habe aber auch schon eine Fleischbrühe genommen und muß sagen, daß es ebenso köstlich geschmeckt hat. Die Tintenfische kann man sich beim Fischhändler zerlegen lassen. Da man bei diesem Rezept die Tinte nicht benötigt, kann, außer Fangarmen und Körper, alles andere entfernt werden. Wenn man es selbst machen möchte, befreit man die Fische von Kalkschulp, Augen, Maul und Verdauungsorganen, wäscht sie sorgfältig und kann die Tintenbeutelchen aufheben, um sie für ein anderes Gericht (*Risotto nero* oder *Spaghetti neri*) zu verwenden.
Jetzt schneide ich die Fangarme in kleine Stücke und den Körper in schmale Streifen. Die Aubergine reinige ich kurz unter fließendem Wasser, entferne den Stiel und schneide sie würfelgroß. In einer Pfanne erhitze ich Olivenöl und brate sie darin an. Danach erhitze ich weiteres Öl in einem ausreichend großen Topf, gebe die Knoblauchzehen, die ich vorher mit einer Gabel etwas zerdrückt und mit Salz bestreut habe, hinein und achte darauf, daß sie nur goldgelb anrösten. Die Hälfte der Petersilie zerhacke ich, verrühre sie mit den Fangarmen und dem zerbröckelten Peperoncino in dem Topf, und bei kleiner Flamme lasse ich alles einige Minuten köcheln. Nun löse ich die Haut von den Tomaten, in dem ich sie kurz in kochendes Wasser halte, nehme das Innere heraus und schneide sie wie die Aubergine in gleich große Würfel. Zusammen mit dem restlichen Fisch und den Auberginen verrühre ich sie mit den anderen Zutaten im Topf, füge einen kräftigen Schuß Weißwein zu und übergieße das Ganze mit dem Fischsud. Bei kleiner Flamme lasse ich so lange kochen, bis die Soße eingedickt ist, und dann sollten die Tintenfische gar sein. Die Nudeln, die ich in der Zwischenzeit „al dente" gekocht habe, schütte ich auf ein Sieb, lasse sie kurz abtropfen und verrühre sie sofort mit der Soße. Kurz vor dem Servieren streue ich die restliche kleingehackte Petersilie über.

Spaghetti alla carrettiera

SPAGHETTI NACH FUHRMANNSART

Für 4 Personen

500 g Spaghetti
60 Bauchspeck
80 g Thunfisch in Öl
250 g Steinpilze
2 Knoblauchzehen, Olivenöl
3 dl Fleischbrühe
Salz, Pfeffer, Parmesan

Das Olivenöl erhitze ich in einem Topf, gebe die Knoblauchzehen, die ich vorher leicht mit einer Gabel aufgedrückt und gesalzen habe, hinein und lasse sie goldgelb anrösten. Danach schneide ich den Bauchspeck in kleine Würfel, die gesäuberten Pilze in Stücke und füge beides zu dem Knoblauch. Nachdem ich leicht gesalzen (wegen des Specks weniger als sonst) und viel frischen Pfeffer darüber gemahlen habe, decke ich den Topf zu und lasse das Ganze einige Minuten köcheln, bevor ich den leicht zerdrückten Thunfisch dazurühre. Nun gieße ich etwas von der Fleischbrühe zu und rühre unter Kochen einige Male um, bis ich feststelle, daß alles zu einer sämigen Masse geworden ist. Jetzt setze ich das Wasser für die Nudeln auf, koche sie und halte die Soße durch Zugabe von der restlichen Fleischbrühe etwas dünner als vorher. Sobald die Spaghetti „al dente“ sind, schütte ich sie auf ein Sieb, lasse sie kurz abtropfen und vermenge sie sofort in einer vorgewärmten Schüssel mit der Soße und dem geriebenen Parmesankäse. Dann streue ich nochmals etwas Pfeffer, den ich vor dem Servieren erst im Mörser zerstoße, über die Nudeln.

Pasta con l'anguilla

PASTA MIT AAL

Für 4 Personen

500 g Linguine oder aus
400 g Hartweizenmehl und Wasser
die Pasta selbst herstellen
2 kleine Aale oder einen von 300–350 g Gewicht
etwas Mehl
300 g frische Tomaten
1 Glas Rotwein
Olivenöl
1 Zwiebel, 1 Karotte, 1 Stück Sellerie
1 dicke Knoblauchzehe
Salz, Pfeffer und 1 Stück Ingwer
Basilikum und Petersilie

Wenn ich für dieses Gericht die Nudeln selbst herstelle, bereite ich den Teig nur aus Mehl und Wasser zu. Sonst nehme ich Linguine oder Bavette.
Dem Aal muß ich die Haut abziehen, was ein bißchen Geschick erfordert. Manchmal bitte ich im Fischgeschäft darum, immer dann, wenn ich mir ein lebendes Tier ausgesucht habe, es aber nicht töten kann. Der Fischhändler übernimmt dann das Töten, Häuten und auch das Ausnehmen. Die Haut lasse ich mir einpacken und koche sie in leichtem Salzwasser, das ich später als Sud benötige. Ich bereite mir eine Schüssel mit kaltem Essigwasser, teile den Aal in kleine Stücke und lasse ihn kurz darin liegen. Zwiebel, Karotte, Sellerie und Knoblauch schneide ich klein und bräune alles zusammen in Olivenöl an. Jetzt nehme ich die Fischstücke aus dem Wasser, trockne sie gut ab, bestäube sie leicht mit Mehl und lege sie zum Anbraten in das Öl. Zwischenzeitlich schneide ich die Tomaten klein, wobei ich die Haut und das Innere entferne und durchpassiere. Mit einem Glas Rotwein lösche ich den mittlerweile angebräunten Fisch ab, gebe den Ingwer, einen Teil der Kräuter, die Tomaten und das Mark dazu. Auf kleiner Flamme lasse ich das Ganze kochen und rühre ab und zu etwas von dem Sud ein. Wenn der Aal gar ist, nehme ich ihn heraus und löse ihn von seinen Knochen (ein Aal hat keine Gräten, da er zur Familie der Knochenfische gehört). Mit einer Gabel zerdrücke ich die kleineren Stükke breiig (man kann sie auch durch ein Sieb pressen) und rühre ihn wieder zu der Soße. Nun koche ich die Nudeln „al dente", lasse sie kurz abtropfen und vermische sie mit der Soße. Zum Schluß lege ich obenauf die größeren Aalstücke und hebe sie vorsichtig unter die Nudeln. Die restlichen kleingeschnittenen Kräuter streue ich kurz vor dem Servieren auf den Nudelberg.

Pappardelle col sugo di lepre

BREITE NUDELN MIT HASENSOSSE

Für 4 Personen

400 g Hartweizenmehl
4 Eier
1 Hasen von ca. 1,2 kg
4 dl Rotwein
Butter und Olivenöl
60 g Pancetta
Zwiebel, Selleriestange
Thymian, Lorbeerblatt, Karotte,
Salz, Pfeffer und Fleischbrühe
Parmesan oder Pecorino

Den gereinigten Hasen teile ich in Stücke auf und lege ihn über Nacht in eine Marinade aus Rotwein, der ich Pfefferkörner, Thymian, Lorbeerblatt und die zerkleinerte Zwiebel und Karotte sowie den Sellerie zugebe. Am nächsten Morgen bereite ich die Pappardelle.

In die Mitte des gesiebten Mehls mache ich eine Vertiefung, schlage die Eier hinein, streue etwas Salz darüber und knete alles zu einem Teig. Um ihn geschmeidiger zu machen, füge ich etwas warmes Wasser hinzu. Bis zur Weiterverarbeitung lasse ich den Teig einige Zeit ruhen. Das Hasenfleisch nehme ich aus der Marinade, trockne es ab, brate es in Öl und Butter braun und füge sofort den kleingewürfelten Bauchspeck hinzu. Danach salze ich das Fleisch, rühre den zerkleinerten Inhalt der Marinade dazu und lasse es, immer noch bei starker Flamme, kurz weiterbraten. Jetzt lösche ich mit der Fleischbrühe und einem Teil der Marinade ab, verringere die Hitze und lasse es langsam garen. Zwischenzeitlich nehme ich den Teig und knete ihn nochmals kräftig durch. Auf einem bemehlten Holzbrett rolle ich die Hälfte dünn aus und schneide 5–6 cm breite Teigstücke daraus. Nach Möglichkeit sollten die Pappardelle vor dem Kochen auf einem bemehlten Küchentuch einige Zeit ruhen. Wenn die Nudeln „al dente“ gekocht sind, schütte ich die durchpassierte, eingedickte Hasensoße darüber, verfeinere mit frisch gemahlenem Pfeffer und Parmesan oder Pecorino. Die Nudeln müssen in dem Sugo schwimmen.

Bei Bedarf kann man noch ein Stück Butter auf den Nudelberg setzen, und wer möchte, schneidet sich von dem Hasenfleisch kleine Stücke dazu auf den Teller.

Als Variante mache ich oft den Sugo mit Tomaten und den Innereien des Hasen. Sehr gut schmeckt die Soße mit Pilzen.

In der gleichen Zubereitung brate ich anstatt des Hasen auch mal Kaninchen oder eine Ente. Wenn ich Wachteln hier bekomme, verwende ich keinen Bauchspeck *(pancetta),* sondern reinen Schweinespeck, keine Butter und nur Rosmarin und Salbei.

MALFATTI

GNOCCHI AUS SPINAT UND RICOTTA

Für 4 Personen

300 g Mehl
300 g Ricotta
1 kg Spinat
150 g Butter
150 g Parmesan
2 Eier und 1 Eigelb
1 Zwiebel
Salz, Pfeffer, Muskatnuß
Fleischbrühe

Zuerst wasche ich den Spinat und koche ihn in Salzwasser. Nachdem er abgetropft ist, versuche ich so gut es geht, alle Flüssigkeit herauszupressen und hacke ihn klein. Mit der angegebenen Menge Ricotta, der auch relativ trocken sein muß, 250 g Mehl, 100 g geriebenem Parmesan, den Eiern und dem Eigelb sowie Salz, Pfeffer und frisch geriebener Muskatnuß verarbeite ich den Spinat zu einem Teig, den ich etwa 20 Minuten kühl stelle. Zwischenzeitlich erhitze ich in einem ausreichend großen Topf Wasser und beginne die Gnocchi zu formen. Das kann man folgendermaßen machen: Entweder man bemehlt sich die Hände mit dem restlichen Mehl und formt kleine Bällchen, die alle unregelmäßig (malfatti) werden und die man, bevor sie ins Wasser kommen, kurz auf der Tischplatte aufdrückt. Oder man nimmt zwei Löffel (je nach gewünschter Größe Tee- oder Eßlöffel), taucht sie vorher in Mehl, nimmt mit einem Löffel etwas Teig, drückt den anderen darauf und formt auf diese Weise die Gnocchi. Wer nicht genügend Übung hat, sollte diesen Arbeitsgang vorher durchführen und dann die gesamte Menge auf einmal ins kochende Wasser geben. Wichtig dabei ist, die Hitze sofort zu reduzieren und die Gnocchi etwa 5–10 Minuten (je nach Größe) ziehen zu lassen. Sie fühlen sich dann fest an. Danach zerschneide ich die Zwiebel in große Stücke, so daß ich sie später leicht herausnehmen kann, erhitze sie in der Butter in einer feuerfesten Form, hebe vorsichtig mit einem Schaumlöffel die Klößchen heraus, lasse sie gut abtropfen und lege sie nacheinander in die Form. Mit dem restlichen Käse überstreue ich die Gnocchi, mahle noch etwas frischen Pfeffer darüber und setze einige Butterflöckchen obenauf. Ganz kurz schiebe ich dann die Form in den heißen Ofen (Grill) und warte, bis Käse und Butter geschmolzen sind. Danach sofort servieren.

Pasta e fagioli

NUDELN UND BOHNEN

Für 4 Personen

300 g Pasta
(Tagliatelle, Fettuccine, auch Ditallini oder Tubettini)
400 g getrocknete rote Bohnen
1 Speckschwarte
1 kleines Stück Bauchspeck
1 kleiner Schweinefuß
Knochenbrühe
1 große Zwiebel
1 große Karotte
1 Selleriestange
1 Stück Sellerieknolle
1 großes Lorbeerblatt
Knoblauch, Pfeffer, Salz
Rosmarin und Petersilie

Die Bohnen weiche ich am Abend zuvor in Wasser ein. Zur Weiterverarbeitung erhitze ich das Olivenöl in einem ausreichend großen Topf und bräune darin die kleingehackte Zwiebel leicht an. Danach füge ich das zerkleinerte Gemüse, den Knoblauch sowie das Lorbeerblatt zu und lasse es einige Minuten dünsten. Den Bauchspeck, Schweinefuß und die Speckschwarte sowie die abgetropften Bohnen gebe ich dazu und lösche mit der Brühe ab. Bis zum Aufkochen rühre ich einige Male um, und lasse die Suppe bei kleiner Flamme langsam einige Stunden köcheln. Bevor ich die Nudeln zugebe, nehme ich etwa die Hälfte der Bohnen heraus, passiere sie durch und gebe sie in den Topf zurück. Sind die Nudeln gar, zerstoße ich in einem Mörser grobes Salz, groben Pfeffer und Rosmarin, schneide die Petersilie sehr fein und vermische alles mit dem Olivenöl. Wem der Geschmack von Knoblauch (roh) angenehm ist, kann eine dicke Zehe auspressen und dazugeben. Diesen öligen Kräuterbrei rühre ich dann in die Suppe und lasse sie vor dem Servieren einige Minuten abkühlen. Bei Tisch reiche ich noch frisch gemahlenen Pfeffer und nach Belieben auch Parmesankäse sowie etwas Olivenöl.

Maccheroni con funghi e porri

MACCHERONI MIT PILZEN UND LAUCH

Für 4 Personen

500 g Maccheroni oder Rigatoni
2 Lauchstangen
250 g frische Champignons
3 Eßl. Mascarpone
oder 1 Becher Crème fraîche
oder 1 Päckchen Panna
1 Zwiebel, etwas Olivenöl
2 Knoblauchzehen
Pfeffer, Salz
Parmesan sowie Petersilie

Den Knoblauch und die Zwiebel hacke ich sehr fein. Besser noch ist es, den Knoblauch zu pressen und die Zwiebel zu reiben. Beides gebe ich in erhitztes Öl und lasse es goldgelb werden. Den Lauch, gewaschen und abgetrocknet, schneide ich in hauchdünne Ringe und rühre sie zu den Zwiebeln. Die Pilze, nach Möglichkeit nur abreiben, kommen dann ebenfalls in kleine Blättchen geraspelt dazu. Die in der Zwischenzeit „al dente" gekochten Nudeln schütte ich ab, lasse sie ganz kurz abtropfen und gebe sie in eine vorgewärmte Schüssel. In die Soße rühre ich jetzt bei starker Hitze die Sahne ein, vermische auch den Käse sowie den gemahlenen Pfeffer und schütte alles über die Nudeln. Bevor ich sie zu Tisch bringe, hebe ich vorsichtig die Soße unter und bestreue alles mit feingehackter Petersilie.

BUCATINI CON I PEPERONI

DICKE SPAGHETTI MIT PAPRIKASCHOTEN

Für 4 Personen

500 g Bucatini
500 g Paprikaschoten (rote und gelbe)
500 g Tomaten
5 Eßl. Olivenöl
Knoblauch, Petersilie
Salz, Pfeffer
Kapern und Pecorino

Die Paprikaschoten wasche ich zuerst unter fließendem Wasser kurz ab, und um ihre Haut zu entfernen, lege ich sie entweder in den Backofen (Grill) oder direkt auf die Gasflammen. Das letztere geht sehr schnell, man muß aber höllisch aufpassen, daß die Schoten nicht zu stark verbrennen. Danach kratze ich die Haut ab, möglichst ohne die Paprika erneut mit Wasser in Berührung zu bringen. Leichter geht das zweifellos, doch dann muß man sie unbedingt abtrocknen. Wer einen Grill hat, achtet nur darauf, die Schoten einige Male umzudrehen, und wenn sie rundum dunkle Flecken haben, lassen sie sich gut schälen. Jetzt entferne ich die Kerne und schneide die Paprika in feine Längsstreifen. Verwende ich frische Tomaten, steche ich sie auf eine Gabel, halte sie kurz in heißes (kochendes) Wasser und schäle sie. In einem Topf erhitze ich das Olivenöl und gebe die kleingeschnittenen Tomaten hinein, die ich leicht salze. Einige Minuten lasse ich sie aufkochen und bei kleiner Hitze weitere Minuten köcheln. In der Zwischenzeit schneide ich die Petersilie klein, zerdrücke die Kapern und zerhacke den Knoblauch. Jetzt füge ich die Paprika zu den Tomaten, und während das Wasser für die Nudeln kocht, garen die Schoten. Sie dürfen nicht breiig werden. Zum Schluß rühre ich das Kleingehackte dazu. Die Bucatini koche ich „al dente“, vermische sie mit einem Teil der Soße sowie dem geriebenen Pecorino, und bei Tisch mahle ich frischen Pfeffer über die Nudeln.

Spaghetti aglio, olio e peperoncino

SPAGHETTI MIT ÖL, KNOBLAUCH UND PFEFFERSCHOTE

Für 4 Personen

500 g Spaghetti
1 dl Olivenöl
5–6 Knoblauchzehen, Salz
1 Peperoncino
etwas gehackte Petersilie
Pecorino

Zuerst die Nudeln in Salzwasser „al dente" kochen. Den Knoblauch schneide ich klein, und mit Salz bestreut lasse ich ihn durchziehen. Kurz bevor die Spaghetti gar sind, erhitze ich das Öl, gebe den Knoblauch und die Pfefferschote hinzu (wenn ich es besonders scharf möchte, teile ich die Schote in kleine Stücke) und lasse bei kleiner Flamme den Knoblauch goldgelb werden. Danach rühre ich die Petersilie zu und vermische alles mit den Spaghetti. Sie müssen noch feucht sein, da der geriebene Käse zum Schluß übergestreut wird, einiges von der Flüssigkeit aufsaugt und die Nudeln dann zu trocken sind. Um dem zu entgehen, rühre ich vorher in das Öl einige Löffel von der Kochflüssigkeit, lasse es 1–2 Minuten anziehen und schütte es über die Nudeln. Sofort servieren.

VON DER LIEBE ZUR PASTA

Der 1902 in Neapel geborene Giuseppe Marotta hat in seinem 1947 veröffentlichten Buch „L'oro di Napoli" den Spaghetti eine Liebeserklärung gemacht, die mich so beeindruckt hat, daß ich sie dem Leser nicht vorenthalten möchte.

Die Spaghetti

„In Ligurien besichtige ich eine große Pastafabrik, ohne dabei etwas Neues zu erfahren.
Für einige Stunden hatte mich das Meer begleitet, mal war es fern, mal war es nah, einige Male folgte es dem Zug wie eine Schleppe; jedesmal bei der Tunnelausfahrt schien es mir, als sei es mit Stecknadeln am Horizont und am Ufer festgemacht zu sein, es war glatt und zeigte keine Kräuselung an der Oberfläche.
Es ist ein Meer, das ich liebe, da es von Neapel kommt (das Ligurische Meer ist die Fortsetzung des Tyrrhenischen Meeres in den Norden). Aber hier oben wird es vornehmer, es verliert seinen bitteren Duft der Algen, der schlüpfrigen Fangkörbe, in denen sich zu viele Fische hin und her gewälzt haben, um zu sterben; der Segel, in denen der „scirocco" (1) zuviel geschwitzt hat: Ich wage zu sagen, daß in Ligurien das Meer hell, während es in Neapel dunkel ist; es hat einen anderen Charakter, andere Gedanken, eine andere Kraft. Aber es bleibt Meer, es bringt Helligkeit, entfernt man sich davon, fühlt man sich genauso wie das Mädchen, das nach dem letzten Blick in den Spiegel die Schulter umdreht und davongeht.
Also besichtige ich, wie gesagt, ohne dabei etwas wirklich Neues gelernt zu haben, diese große, übergroße Pastafabrik des Nordens. Ich sah ihre weißen Gebäude, ihre Dächer, ihre Schornsteine, ihre Innenhöfe, ihre Räume gefüllt mit Arbeitern, ihre Maschinen oder besser gesagt ihre Maschine, die *continua* (2), die alle anderen – *l'impastatrice* und *la gramola, la pressa* und *la trafila* – einbezieht, und aus der die Spaghetti in präziser und vollkommener Form herausfließen, kontinuierlich, so wie die Zeitung aus der Druckmaschine.

(Ich kann es nicht anders erklären. Ich fühlte mich plötzlich wie ein Veteran, der seine Fahne sieht.) Sie haben einen langen Weg gemacht, dachte ich, um hier ihre Apotheose, ihr Pantheon, zu finden.
Waren sie nicht noch 1912 in Neapel mit mir? Ich war zehn Jahre alt, und die Spaghetti waren auf einer kleinen Terrasse über Stangen gehängt, um sie in der Sonne zu trocknen. Sie sahen aus wie ein Baum; die goldfarbenen Weinreben in den kleinen nahe gelegenen Gärten der Nachbarschaft ähnelten ihnen; warte auf mich, du Spaghettirebe, ich komme gerade von einer großen Pastafabrik aus Ligurien, die du verblassen und entschwinden läßt, ich will alles dafür geben, um dich wieder zu erreichen.
Diejenigen, die ins Paradies durch eine Tür eintreten, sind nicht in Neapel geboren, wir Neapolitaner halten Einzug in den Palast der Paläste, indem wir einfach einen Spaghettivorhang zur Seite schieben. Wir wurden in Eile gestillt, während die Spaghetti kochten; unsere Mütter nahmen uns von der Brust und schoben ein Stückchen Spaghetti in unseren Mund; vorher haben sie das Ragù

mit ihren Lippen von den Spaghetti abgelutscht, ohne Soße hätten sie sie direkt von oben in den Mund geschoben.
Ich selber, was hinterlasse ich meinen Kindern, wenn nicht Spaghetti, die ich auch selbst geerbt habe? Das Wichtigste ist, sage ich, daß ihr sie mit jeder inneren und äußeren Gemütsverfassung in Einklang bringt. Seid nie zu anspruchsvoll. Spaghetti, na ja, seid ehrlich: Wer seid ihr eigentlich, daß ihr die Spaghetti „alla genovese" oder „alle vongole" oder sogar „di salsiccia" oder „bluastri di olive di Gaeta" oder „argentei di alici salate" oder „screziati di indissolubile ‚mozzarella'" oder (per amor di cielo) „al gratin" (3) essen müßt.
Die Spaghetti, die ich euch hinterlasse, sind blitzschnell, einfach und ohne viel Aufhebens in der Zubereitung, aber gleichzeitig ein großartiges Gericht: Es ist die ideale Ernährung für denjenigen, der malochen mußte von morgens bis abends und erschöpft ist; es sind die Spaghetti „aglio olio." Jedermann, auch in der umständlichsten Situation, kurzsichtig oder taub, zufrieden oder verzweifelt, ist in der Lage, sie zuzubereiten. Während das Wasser kocht, das Öl mit dem Knoblauch sich erhitzt, das Brutzeln wie ein böses Lachen klingt, auf das ihr gnadenvoll Petersilienblätter streuen müßt; erlaubt doch, daß die schnelle Soße ein ganz klein wenig angebrannt sein kann, es lohnt sich, weil der bittere Geschmack, den die Spaghetti durch den leicht verbrannten Knoblauch bekommen, weitaus größere Bitterkeiten vertreibt; ein Problem jagt das andere, vergeßt das nicht.
Don Emilio Barletta (4), ein Kreiselfabrikant (fabbricante di trottole) aus Ponte di Tappia, konnte sogar das Temperament seiner Frau ertragen und damit fertig werden genauso wie mit seinen Steuern, indem er den Knoblauch in der Pfanne schwarz werden ließ.
Meine Kinder, trauert nie um einen Toten, auch nicht um mich, ohne Spaghetti zu haben, die euer Leiden verringern, ohne daß der entfernte Duft aus der Küche von Spaghetti sich mit dem Duft der brennenden Kerzen um das Totenbett vermischt. Keine Soßen, keine Fette: Bereitet sie für die Tage der Trauer einfach nur mit *ricotta.*
Auf das Heranwinken der alten Tante, die an der Tür erschienen ist, steht der alte Verwandte auf, trocknet seine Tränen und geht unauffällig in den Flur und verschwindet in der Küche. Auf den Spaghettibergen glänzt das keuscheste Stückchen *ricotta;* der alte Mann zerbröckelt den Käse mit der Gabel, alles ist weiß auf seinem Teller und in seinem Herzen, er spricht sein Tischgebet, sagt, daß die Seelen der Fegefeuer zur Ruhe gekommen seien, und lächelnd ißt er dann, zusammen mit seinen Tränen, kostet er die Landschaft, in der der Weizen wuchs, aus dem die Spaghetti gemacht wurden, die Sonne, die sie getrocknet hat, die Brise, die sie mit Geduld gestreichelt hat: Dieser Don Carmine oder Don Vincenzo, oder wie er sonst heißen mag, kommt sogar auf den Korb (Behälter) zurück, in dem die Milch zu *ricotta* geworden ist: Das Bild des Todes verschärft außerordentlich unsere Sensibilität, diesem Don Carmine oder Vincenzo kommt jetzt entweder der Gedanke, daß ein Sarg aus Holz gemacht ist, genauso wie ein Melkstühlchen, oder er wird nie mehr daran denken. Inzwischen hat die alte Tante noch einen zweiten Teller gefüllt; die Reihenfolge geht nach der Wichtigkeit der Verwandten, ein entfernter Verwandter von dem armen Verstorbenen Don Peppino kommt nun an die Reihe.
Ich bestehe aus eigener Erfahrung darauf: Für die Toten und für die Geburten

verschreibe ich euch, meine Kinder, ausschließlich Spaghetti. Spaghetti aß mein Vater in unserer großen Küche, während ich dabei war, auf die Welt zu kommen (ab und zu wischte er sich über seinen Schnurrbart, überdachte alles einen Moment, spitzte die Ohren und rief: „Also, na, wieweit sind wir?"), Spaghetti werdet ihr essen, einer nach dem anderen, so daß ich eure Abwesenheit nicht merken kann und in Ruhe erfriere zwischen Blumen und Kerzen. Seid stark, Kinder, das heißt, kocht die Spaghetti mit viel Wasser und serviert sie „al dente" und dann guten Appetit.
Die Leute von Neapel vermuten, daß die Spaghetti sehr alt sind, sie hoffen, sie erfunden zu haben, und dabei irren sie sich. Wem konnte so was einfallen, wenn nur die Könige und der Hof beim Aufwachen wußten, daß sie gegen 13.00 Uhr essen würden? Somit entstanden die Spaghetti auf Sizilien oder Sardinien oder in dem Vatikanstaat. Inzwischen ernährten sich die Neapolitaner von Gemüse, Rübensprossen mit Brot: Auch ich spüre zuweilen Lust, so was zu essen und ich verlange danach, es muß wohl irgendein entfernter Ahne sein, der mir ein Zeichen gibt, um mir Vorwürfe zu machen. Denk daran, sagt er, daß vor dreihundert Jahren die Spaghetti bei uns ein ungeheurer Luxus waren und wir sie uns nur ein paarmal im Jahr leisten konnten; ein trauriges Sprichwort belehrte uns: Seid vorsichtig, die Spaghetti ruinieren die Familien.
Das wurde mir mitgeteilt von dem Freund, der mir die große Pastafabrik zeigte, man wußte wirklich alles, in dieser prachtvollen „Universität." (In den Lagerhallen sah ich eine endlose Landschaft von langen blauen Schachteln; hier drin mich auf ewig zu verstecken mit einem Kochtopf und den nötigen Tomatenreserven in Dosen, dachte ich, ah, warum entscheide ich mich nicht dazu, im Haß gegen die Welt als Mönch in „Spaghetti-Klausur" zu gehen?).
Meinem Freund antwortete ich errötend, daß die Spaghetti in Neapel spät entdeckt wurden, sei nicht auf Faulheit zurückzuführen, sondern auf historische Bescheidenheit; einmal die Schüchternheit überwunden, gaben die Neapolitaner ihr Bestes, ich war nämlich geboren in der Zeit, als es zwischen Capodimonte und Posillipo mehr Spaghetti gab als Krankheiten und ausgeschriebene Wechsel. Ich sehe immer noch die großen Messingwaagen mit ihren großen Waagschalen, an drei Ketten aufgehängt, die sich an einem Mittelpunkt trafen und an dem eine mehr oder weniger „geschmackvolle" Sirene (Verführerin) befestigt war: Solche Waagen luden ein, zentnerweise Spaghetti zu kaufen, aber sie konnten auch nur einige wenige abwiegen: Sie waren ehrlich und freundschaftlich. (Es waren keine Waagen, die das Gewicht täuschten.) Eine Waagschale geht nach unten mit ihrem Bund Spaghetti, und eine Epoche ist vorbei, vielleicht das Leben. Wie viele braucht ihr davon für eure Mahlzeit? Wir waren eine „Dreiviertel-Spaghetti-Familie", 750 Gramm; den Ausdruck ¾ müßte ich auf mein Wappen schreiben lassen, wenn ich eines hätte, denn er klassifizierte uns in den Läden und vor dem Herrgott. Wir erfuhren ihn wiederholt jahrelang zwischen Tisch und Herd; oft war im Herzen meiner Mutter nichts anderes als jener Ausdruck und eine Handvoll salzige Bitterkeit.
Ja, im Jahre 1912 bestand die Ansicht von Neapel mehr aus Spaghetti als aus dem Vesuv oder dem Meer. Der kleine Rechtsanwalt kam nach Hause mit dem Bündel Spaghetti unter dem Arm zusammen mit einem Stapel „carta bollata" (5); jede Gasse sah wie ein Speisesaal aus, voll mit Kindern, die mit ihren Tellern auf dem Schoß vor den Türen der „bassi" saßen (6); auf den klei-

nen Plätzen in Ventaglieri, Sant'Eligio, Cavone, Foria, Tribunali, Port'Alba wurden auch gekochte Spaghetti verkauft. Es waren gigantische Kochstellen im Freien, mit solch großen Kochtöpfen, in denen man auch den „Louvre" hätte kochen können, un due! un tre!, schrien die Laufburschen, indem sie die Teller dem Koch reichten, und damit meinten sie, zu zwei oder drei „Groschen": Derjenige, der sich nicht mit Spaghetti satt essen konnte, schluckte ihren Geruch runter und erhielt dadurch neue Kraft; die Kunden aßen mit dem dampfenden Teller in einer Hand und der Zinkgabel in der anderen Hand, lehnend gegen die alten Mauern, schauend auf das Schattenspiel. Welch einfacher Ort, welch einfache Leute, Spaghetti oder nicht Spaghetti, das war hier die Frage.
Heute dagegen zersplittern uns die zahllosen Alternativen und führen zu einem fatalen und sicheren Fehler. Man muß zu den Spaghetti mit der damaligen Geduld und Liebe zurückkehren. Verlassen wir die abstrusen Kathedralen der modernen Bestrebungen, voll Symbolen, Bedrohungen und Angst; lassen wir uns doch einfach wieder auf die sanftmütige Wirklichkeit der Spaghetti ein. Sie sind vielleicht unsere einzige Frage, auf die Gott antworten kann und tatsächlich immer geantwortet hat – ja oder nein."

„Wir produzieren 1200 Doppelzentner pro Tag", sagte mein ligurischer Freund.

ANMERKUNGEN ZU DEN SEITEN 132–135

(1)	scirocco	Schirokko ist in Italien allgemein eine Bezeichnung für einen warmen Wind
(2)	la continua	ist eine kontinuierlich arbeitende Pastamaschine
	l'impastatrice	Knetmaschine
	la gramola	ist ebenfalls eine Knetmaschine
	la pressa	Presse
	la trafila	Presse mit Ziehmechanismus
(3)	„alla genovese“	mit Basilikumsoße
	„alle vongole“	mit Venusmuscheln
	„di salsiccia“	mit Würstchen
	„bluastri di olive di Gaeta“	bläulich von den Oliven aus Gaeta
	„argentei di alici salate“	silbern von den gesalzenen Sardellen
	„screziati di indissolubile ‚mozzarella'“	mit leicht geschmolzener Mozzarella
	per amor di cielo	um Himmels willen
	„al gratin“	gratiniert
(4)	Don	Ableitung aus dem Lateinischen dominus – Herr
(5)	carta bollata	Bogen für Anträge mit Steuermarke
(6)	bassi	sind neapolitanische Einzimmer-Wohnungen in Armenvierteln. Die gesamte, oft kinderreiche Familie wohnt in einem Zimmer, meist ohne Fenster, mit einer Eingangstür, die immer offensteht

KLEINES LEXIKON DER ZUTATEN

ACCIUGHE	Anchovis
AGLIO	Knoblauch
AGNELLO	Lamm
ALICI	Sardellen
ALLORO	Lorbeerblatt
AMARETTI	Kleine Makronen aus Mandeln und Bittermandeln
ANATRA	Ente
ANGUILLA	Aal
ARROSTO	Braten
ASPARAGI	Spargel
BASILICO	Basilikum
BESCIAMELLA	Béchamelsoße
BIETE	Rübchen
BIGOLARO ODER TORCHIO	Spezialhandpresse zur Herstellung von *bigoli*
BITTO	Käse aus Valtellina, der aus vollfetter Kuhmilch hergestellt wird. Frisch ist er mild und cremig; nach einer Lagerung von 1–2 Jahren wird er hart und pikant
BOCCONCINI	Kleine mundgerechte *mozzarella*-Bällchen
BOTTARGA	Rogen der Meeräsche oder des Thunfisches
BRODO	Brühe; konzentrierte Fleischbrühe oder mit Fleischextrakt hergestellt
BURRATE	In Apulien heißen so die circa 400–500 g schweren Käse, die im Inneren eine weiche, buttrige Käsemasse haben

BURRIELLI	Man findet sie überwiegend im Süden Italiens. Im Geschmack sind sie noch milder als *mozzarella,* da die kleinen Käse in Milch aufbewahrt werden
BURRINI ODER BUTIRRI	In Kalabrien und Kampanien nennt man so die ovalen Käse, die im Innern einen Kern aus „Butter“ (weiche, buttrige Käsemasse) haben
BUSU	Binsenstöckchen zur Herstellung von hausgemachten *maccheroni filati*

CACCIATORA	Jägerart
CACIOCAVALLO	Kuhmilchkäse in Birnenform, der überwiegend im Süden Italiens hergestellt wird. Frischer Käse ist mild im Geschmack, älterer wird hart und pikant
CARCIOFI	Artischocken
CARNE	Fleisch
CARNE DI MAIALE	Schweinefleisch
CASTAGNE	Eßbare Kastanien
CAVAROLA	Kleines geländeltes Nudelbrett
CAVIALE	Kaviar
CECI	Kichererbsen
CERVELLATINE	Neapolitanische Würstchen
CEPPA	Stricknadel aus Holz (Abruzzen) zur Herstellung von *maccheroni*
CHITARRA	Gerät zur Herstellung von Nudeln. Heute noch in den Abruzzen üblich
CIAVARRE	Junges Schaf, das noch nicht trächtig war
CIMA DI RAPE	Rübensprossen
CIPOLLE	Zwiebeln

COTECHINATA	Schweinespeckschwarten
COTICHELLE	In Ligurien nennt man so die Speckschwarten
COZZE	Miesmuscheln
ERBETTE	Kräuter
FAGIOLI	Bohnen
FAVE	Saubohnen
FEGATO DI POLLO	Hähnchenleber
FINOCCHIO	Fenchel
FONTINA	Halbweicher Käse mit mildem Geschmack aus dem Aosta-Tal
FORMAGGIO	Käse
FRESA	Ein weicher, butterartiger, frischer Käse aus Sardinien. Er wird aus Ziegen- und auch aus Kuhmilch hergestellt. Man verkauft ihn auf Sardinien in Form von kleinen Figuren (Pferdchen oder Zicklein), die vorwiegend und besonders gern von Kindern gegessen werden
FRIARIELLI	Zarte Rübenspitzen (Kampanien), ähnlich wie *broccoletti* oder *cima di rape*, mit angenehm bitterem Geschmack
FRUTTI DI MARE	Meeresfrüchte Auswahl von Schalentieren und Tintenfischen
FUNGHI	Pilze

GORGONZOLA	Edelpilzkäse, mild oder pikant
GRANCHI	Krebse
GROVIERA	Gruyèrekäse, auch Greyerzer, ist ein Schweizer Käse; findet in der italienischen Küche sehr oft Verwendung
GUANCIALE	Backenspeck vom Schwein
GUAZZETTO	Ragout, das man in den Abruzzen aus dem jungen Schaf (ciavarre) herstellt

LEPRE	Hase
LIMONE	Zitrone
LUGANEGA	Frische dünne Schweinswurst, die im Meter verkauft wird

MARSALA	Dessertwein aus Sizilien mit drei Geschmacksrichtungen: „secco“ (trocken), „abboccato“ (süßlich, mundgerecht) und „dolce“ (süß)
MASCARPONE	Roher, ungeformter Doppelrahmkäse, er ist lose und in Dosen erhältlich
MELANZANE	Auberginen
MENTA	Minze
MIELE	Honig
MINESTRA	Suppe
MINESTRONE	Dicke Gemüsesuppe
MOLLICA	Brotkrume

MORTADELLA	Würzige Wurst mit aromatischem Geruch. Sie besteht aus Schweinefleisch, Speck und Pistazien, wird in den typischen dicken Därmen angeboten und kommt aus Bologna
MOSTARDA DI FRUTTA	Eingelegte Senffrüchte Verschiedene Früchte werden zusammen gekocht, mit Honig und Zucker sowie Weißwein bedeckt und mit Senfpulver gewürzt. Ißt man auch als Fleischbeilage
MOZZARELLA MOZZARELLA DI BUFALO	Frischkäse aus Kuh- oder Büffelmilch. In Deutschland vorwiegend einzeln und in einer Molkenflüssigkeit in Beuteln erhältlich. Die *mozzarella* hat einen milden Geschmack, und frisch ist sie, wenn beim Aufschneiden die Molke austritt
MUSCARI	Wildwachsendes Knollengemüse
NOCI	Nüsse, Walnüsse
OLIO DI OLIVA	Olivenöl
OLIVE NERE E VERDE	Schwarze und grüne Oliven
PANCETTA	Luftgetrockneter Bauchspeck
PANE	Brot
PANNA	Rahm, Sahne
PAPAVARO	Mohn
PARMIGIANO PARMESAN	Bekanntester Hartkäse aus Kuhmilch, der zu Nudelgerichten immer gerieben gereicht wird
PASTA	Teig, Teigwaren
PASTINA	Suppennudeln

PECORINO	Schafskäse Frisch hat er einen milden Geschmack und ist von weicher Konsistenz; etwas älter wird er dann hart und pikant und eignet sich zum Reiben
PECORINO SARDO	Der klassische Schafskäse aus Sardinien wird in kleinen Formen von einigen Kilogramm hergestellt und hat eine schwarze Rinde
PEPE	Pfeffer
PEPERONI	Paprika, gelbe, rote, grüne
PEPERONCINI	Kleine, scharfe Pfefferschoten
PESTO	Alle Zutaten (Basilikum, die großblättrige Sorte, Knoblauchzehen, Pinienkerne, *Parmesan* und *pecorino sardo* sowie Olivenöl) werden in einem Mörser (pestare heißt stoßen) zu einer Paste gestoßen
PETTINE	Kammartiges Gerät zur Herstellung von Nudeln
PETTO DI POLLO	Hühnerbrust, Hähnchenbrust
PICCANTE	pikant
POLPETTE	Fleischklöße
POLPETTINE	Fleischklößchen
PREBOGGION	Kräuterbund aus mehreren Garten- und Feldkräutern, die in Ligurien für die Füllung der *pansoti* (Ravioli) verwendet werden
PROSCIUTTO	Schinken
PROVOLONE	Ein harter Büffelkäse (oft geräuchert), eine Variante des *caciocavallo;* mild in den ersten drei Monaten, dann würzig und scharf im Geschmack
QUAGLIE	Wachteln

RADICCHIO TREVIGIANO	Zichorie aus Treviso
RAGÚ	Ragout, Fleischsoße
RICOTTA	Frischer, feuchter, ungesalzener Käse aus Schafsmilch; wird aber auch aus Kuhmilch bereitet
– TOSTA oder CACIORICOTTA	Hartkäse zum Reiben
– FORTE	Gelblich aussehender, scharfer *ricotta*-Käse
– AFFUMICATA	Geräucherter *ricotta*-Käse
RUCOLA	Aromatischer Salat mit einem leicht bitteren Geschmack

SALAMELLA	Kurze, weiche Schweinswurst
SALMONE	Lachs
SALSA	Soße
SALSICCIA	Frische Wurst
SARDE	Sardinen
SCAMORZA	Kuhmilchkäse aus dem Süden Itaiens
SELVAGGINA	Wildfleisch
SOFFRITTO	In Fett angebratene Zwiebel, Speck, Knoblauch sowie kleingehackte Gemüse und Kräuter; Grundlage fast aller italienischen Soßen und Suppen
SOGLIOLA	Seezunge
STRACOTTO	Schmorfleisch, Schmorbraten
SUGO	Soße
SUGO ROSSO	Tomatensoße

TARTUFO	Trüffel
– NERO / BIANCO	schwarze und weiße –
TIMBALLO	Auflauf
TOMA	Piemontesische Käsesorte
TONNO	Thunfisch
TRIPPA	Kutteln
UOVA	Eier
VINSANTO	„Heiliger Wein", Dessertwein aus der Toskana
VONGOLE	Venusmuscheln
ZUCCA	Kürbis
ZUPPA	Suppe

REGISTER – DEUTSCH

Register – Italienisch

Literaturhinweise

Artusi, Pellegrino:	La scienza in cucina e l'arte di mangiar bene, Milano 1960
Berlioz, Hector:	Literarische Werke, Memoiren I, Leipzig 1903
Coltro, Dino:	La cucina tradizionale veneta, Roma 1983
Goethe, J. W.:	Autobiographisches II, Dichtung und Wahrheit, Italienische Reise, Wiesbaden
Heine, Heinrich:	Werke, Aus den Memoiren des Herren von Schnabelewopski, Kapitel 8, Wiesbaden
Marinetti, F. T.:	La cucina futuristica, Milano 1982, Die futuristische Küche, Stuttgart 1983
Marotta, Giuseppe:	L'oro di Napoli, Milano 1947

Notizen

Notizen

Notizen

Notizen

Notizen

Notizen